Hanes Cychwyniad y Wladfa ym Mhatagonia

Hanes Cychwyniad y Wladfa ym Mhatagonia

Cyfres o erthyglau a gyhoeddwyd yn wreiddiol yn *Y Drafod*,
18 Mehefin – 22 Hydref 1926

Thomas Jones, Glan Camwy

Golygydd: Elvey MacDonald

y olfa

Cyhoeddwyd y gyfrol gyda chyfraniad ariannol o £1,300 gan Gymdeithas Cymru-Ariannin er cof am Elvey MacDonald, fu'n Llywydd Anrhydeddus y Gymdeithas o 2005-2022.

Argraffiad cyntaf: 2026

Cynllun y clawr: Y Lolfa

Rhif Llyfr Rhyngwladol: 978-1-80099-878-0

Cyhoeddwyd, rhwymwyd ac argraffwyd yng Nghymru gan
Y Lolfa Cyf., Talybont, Ceredigion SY24 5HE
gwefan www.ylolfa.com
e-bost ylolfa@ylolfa.com
ffôn 01970 832 304

Diolchiadau

Y BWRIAD GWREIDDIOL oedd cyhoeddi'r gyfrol hon yn 2015, yn rhan o waith y Gweithgor Treftadaeth a grëwyd gan Bwyllgor Dathlu Canmlwyddiant a Hanner Sefydlu'r Wladfa yr oedd Elvey yn aelod ohono. Er hynny, mae'n briodol ailgyhoeddi ysgrifau Thomas Jones nawr yn 2026, gan mlynedd ar ôl eu cyhoeddi yn wreiddiol yn *Y Drafod* yn 1926.

Hoffem fel teulu ddiolch i'r canlynol am eu cefnogaeth i sicrhau bod y gyfrol wedi gweld golau dydd o'r diwedd.

Yn gyntaf, diolch o waelod calon i E. Wyn James am ei waith diflino yn gwirio ac yn golygu'r testun ymhellach yn barod i'w gyhoeddi. Rydym yn gwerthfawrogi ei gyfraniad gwerthfawr, yn ogystal â'i amynedd a'i ddyfalbarhad!

Diolch hefyd i Ceris Gruffudd, Eirian Wyn Lewis ac Eurig Davies am fod mor barod eu cyfraniadau, ac i David Leslie Davies am roi caniatâd i ni gynnwys ei gerdd annwyl 'Er Cof am Elvey'.

Diolch i Gymdeithas Cymru-Ariannin am ei chyfraniad ariannol tuag at gyhoeddi'r llyfr, ac am ei chefnogaeth a'i hawydd i ddathlu cyfraniad Elvey i'r cysylltiad rhwng y Wladfa a Chymru dros y blynyddoedd.

A diolch i Lefi a'r Lolfa am eu cymorth a'u hamynedd.

Rydym fel teulu, yma yng Nghymru ac yn y Gaiman, yn hynod o falch bod prosiect olaf Elvey bellach wedi ei gwblhau.

Cynnwys

Thomas Jones, Glan Camwy, yn gwisgo un o'i naw siwt!

Thomas Jones, Glan Camwy; ei frawd, Evan Jones, Triangl; a'r Tirfesurydd Edward Owen, Maes Llaned, trydydd gŵr Lisa, eu chwaer.

Thomas Jones, Glan Camwy, a Richard Jones, Glyn Du.

Thomas Jones, Glan Camwy, wrth dyllau Penrhyn yr Ogofâu ger Porth Madryn yn 1930.

Elvey Jones MacDonald
(17 Mehefin 1941 – 23 Tachwedd 2022)

GANED ELVEY YN Nhrelew, Dyffryn Camwy yn yr Ariannin, yn fab i Héctor a Sarah MacDonald. Un o 'blant y Paith' oedd Elvey ac yn ddisgynnydd balch i'r arloeswyr mentrus a ymfudodd i sefydlu Gwladfa a'r 'byd newydd' yn Neheudir yr Amerig.

Daeth i Gymru am y tro cyntaf yn 1965, blwyddyn canmlwyddiant sefydlu'r Wladfa, i fod yn rhan o'r dathliadau gan dreulio rhai misoedd diwyd yng ngwlad ei gyndeidiau. Nid oedd yn medru Saesneg ar y pryd, dim ond Cymraeg a Sbaeneg.

Cafodd gynnig aros ymlaen am flwyddyn i ddilyn cwrs yng Ngholeg Harlech. Elvey oedd y cyntaf o nifer o'r Wladfa i fanteisio ar y cyfle hwn. Dychwelodd i'r Wladfa yn 1966, ond cafodd gyfle i ddod i Gymru unwaith eto pan estynnwyd gwahoddiad iddo i weithio fel trefnydd cynorthwyol ar gyfer Eisteddfod Genedlaethol y Barri yn 1968. Yna fe'i penodwyd yn Bennaeth Eisteddfod Genedlaethol Urdd Gobaith Cymru. Bu yn y swydd honno rhwng 1974 ac 1997 gan drefnu pedair ar hugain o Eisteddfodau.

Ar hyd ei oes, bu'n hyrwyddo popeth oedd yn ymwneud â'r Wladfa. Bu'n trefnu teithiau ac yn tywys ymwelwyr o Gymru i Batagonia am flynyddoedd lawer.

Yn 1992 sefydlodd Elvey Radio Ceredigion, radio lleol a ddarlledai yr un faint yn y Gymraeg a'r Saesneg. Gellir dilyn hanes yr orsaf ym mhapurau Elvey MacDonald a gyflwynwyd i'r Llyfrgell Genedlaethol.

Cyhoeddodd *Yr Hirdaith* yn 1999, llyfr sy'n adrodd hanes sefydlu'r Wladfa gan ganolbwyntio ar fywyd un o'i phrif sylfaenwyr, Edwin Cynrig Roberts. Bu'n olygydd *Dyddiadur Mimosa*, dyddiadur Joseph Seth Jones o Ddinbych a oedd ar fwrdd y *Mimosa*. Cyhoeddodd ei hunangofiant *Llwch* yn 2009.

Bu'n Llywydd Anrhydeddus Cymdeithas Cymru-Ariannin, ac yn aelod brwd o'i phwyllgor gwaith yn hyrwyddo buddiannau'r Wladfa ac yn ddolen gyswllt glòs rhwng Cymru a'r Ariannin.

Eirian Wyn Lewis
Llywydd Cymdeithas Cymru-Ariannin

Cymdeithas Cymru-Ariannin

SEFYDLWYD 'CYMDEITHAS CYMRY ARIANNIN' yn 1939 gan rai a oedd â chysylltiad â'r Wladfa Gymreig yn Chubut er mwyn bod yn ddolen gyswllt rhwng y ddwy wlad. Cyhoeddwyd y llyfryn *Cymdeithas Cymry Ariannin 1939–1989* gan y Gymdeithas yn 1989. Mae copi ar gael ar wefan y Gymdeithas. Newidiwyd yr enw yng Nghyfarfod Blynyddol 1999 i 'Cymdeithas Cymru-Ariannin' i adlewyrchu aelodaeth a gweithgareddau'r Gymdeithas heddiw, ac yn 2014 cyhoeddodd y Gymdeithas *Cymdeithas Cymru-Ariannin 1939–2014* (gol. Elvey MacDonald).

Mae'n Gymdeithas elusennol (rhif elusen 50773). Daw'r cyfan o'i hincwm oddi wrth ei haelodau, ac mae'r gwaith sydd i'w wneud â'r incwm hwnnw yn fawr.

Mae'r Gymdeithas yn gefnogol iawn o unigolion a grwpiau o'r Wladfa sy'n awyddus i ddod i Gymru i astudio neu i ddatblygu sgiliau trwy gyfrwng y Gymraeg. Yn yr un modd, mae Cymdeithas Cymru-Ariannin yn cefnogi unigolion o Gymru sy'n teithio i Batagonia i gefnogi'r iaith a'r diwylliant Cymraeg yn y cymunedau ar draws talaith Chubut.

Mae'r Gymdeithas hefyd yn cyfrannu at gludiant a llety y myfyrwyr a ddaw o'r Wladfa i astudio ar gyrsiau Cymraeg dwys a gynhelir yng Nghaerdydd ac Aberystwyth yn flynyddol yn yr haf.

Oddi ar Eisteddfod Caerdydd 1978, noddir cystadleuaeth

flynyddol yn Eisteddfod Genedlaethol Cymru i rai sydd wedi byw yn y Wladfa ar hyd eu hoes ac yn dal i fyw yn Ariannin. Cyhoeddwyd tri detholiad o'r cynnyrch, sef *Atgofion o Batagonia* gol. R. Bryn Williams (Gwasg Gomer, 1980); *Byw ym Mhatagonia,* gol. Guto Roberts a Marian Elias Roberts (Gwasg Gwynedd, 1993); a *Bywyd yn y Wladfa,* gol. Cathrin Williams (Gwasg y Bwthyn, 2009). Mae'r tair cyfrol allan o brint.

Ymhlith y sefydliadau sydd wedi cael nawdd y Gymdeithas mae Ysgol yr Hendre Trelew, Ysgol Gymraeg y Gaiman a Chanolfan Gymraeg yr Andes.

Ers rhai blynyddoedd cynigir Ysgoloriaeth Michael D. Jones ar gyfer oedolion sy'n byw yn Chubut. Y bwriad yw galluogi unigolyn sy'n byw yno i ddod i Gymru i wella a datblygu sgiliau mewn maes ymarferol cydnabyddedig trwy gyfrwng y Gymraeg, e.e. mewn cerddoriaeth, celf, dawns, coginio, twristiaeth, ffotograffiaeth ac ati.

Cynhelir Cyfarfod Blynyddol y Gymdeithas ar Faes yr Eisteddfod Genedlaethol yn flynyddol ac mae gan y Gymdeithas babell ar y Maes er 1997.

Dethlir Gŵyl y Glaniad yn flynyddol yng Nghymru.

Mae gan y Gymdeithas nifer o aelodau gweithgar a brwdfrydig ar draws Cymru sy'n cyfarfod yn rheolaidd i gynnal digwyddiadau a gweithgareddau diddorol yn enw'r Gymdeithas. Ceir canghennau o'r Gymdeithas ar gyfer Gorllewin a Chanolbarth Cymru; Caerdydd a'r De-Ddwyrain; a'r Gogledd-Orllewin.

Mae'r cyswllt rhwng ein dwy wlad wedi parhau am dros ganrif a hanner ac yn sicr bu Ariannin a Chymru ar eu hennill o'r cyswllt hwn. Ein gobaith wrth i ni fanteisio ar y dechnoleg ddiweddaraf yw gallu cryfhau'r berthynas yn y dyfodol a chadw'n fyw ar gyfer y genhedlaeth sydd i ddod y freuddwyd fawr a fu â rhan fach mewn creu gwlad newydd.

I ymaelodi ac i glywed rhagor am y Gymdeithas, neu i ymuno â'r Clwb Cyfeillion, gweler y wefan:

cymruariannin.cymru

neu cysylltwch â'r ysgrifennyddcymar@gmail.com

Ceris Gruffudd
Llywydd Anrhydeddus
Cymdeithas Cymru-Ariannin

Er Cof am Elvey

Mab *Y Paith* a mab *Y Pethau* – ydoedd
o raid, wrth ei wreiddiau.
Ei ddawn oedd arddel y ddau
yn Gymro glew ei gamrau.

Â'i lais o dras arloeswr – ymroddai'n
amryddawn ymchwiliwr
er pwyso a siapio'n siŵr
'glod di-fai' y Gwladfäwr.

Nodai, fel awdur, freuddwydiau – taered
anturio'i gyndadau:
menter mor ddewr sawl mintai
– a braw sawl dihengyd brau.

Ymwelodd â gwlad ei dadau – a chael,
ar chwilio, awenau;
galwyd ef at ei Gwyliau
a bu yn addurn i bau.

Dolen fel tad i'w deulu – oedd hefyd
o'i ddyfod i Gymru.
Hyd ei fywyd oni fu
yn ddirfawr rodd na ddarfu?

David Leslie Davies
*(*Barddas *Gaeaf 2023, Rhif 356)*

Cofio Elvey

ELVEY: CYMERIAD GONEST, hael, agored, dibynadwy, annwyl. Y person swil a oedd yn gwmnïwr diddan; y cymeriad addfwyn, diymhongar ond cadarn; a'r gŵr gwylaidd na fedrai oddef anghyfiawnder. Trefnydd y llwyfan genedlaethol a wnâi unrhyw beth i beidio â bod o dan y llifolau ei hun.

Y bobol bwysicaf i Elvey oedd ei deulu, neu'n hytrach y ddau deulu – yr un ym Mhatagonia a'r teulu yn Aberystwyth. Achos roedd ganddo ddwy set o wreiddiau, a'r rheini'n rhai dwfn. Roedd yn falch o'i dras, ac yn falch o'i Gymreictod – roedd ei fam, Sarah wedi gwneud yn siŵr o hynny. Roedd hi'n un o hoelion wyth y gymdeithas yn y Gaiman, ac fe drosglwyddodd hi ei chariad at y Gymraeg, cerddoriaeth a diwylliant Cymru i Elvey a'i chwaer, Edith.

Roedd stori ganddo am ei ymweliad cyntaf â Chymru yn 1965 – Gogleddwraig wedi sylwi ar ei acen bert ac yn dweud wrtho: 'Rhaid eich bod yn dŵad o'r sowth' – ac Elvey'n meddwl iddo'i hunan: *'Dwi'n dod o dipyn pellach i'r sowth nag oedd hi'n 'styried!'*

Ac fe fu'r ymweliad cyntaf hwnnw â Chymru yn dyngedfennol iddo. Wedi hyfforddi'n athro a gweithio mewn banc, a chyfnod llai na disglair o orfodaeth filwrol yn Lluoedd Arfog Ariannin, newidiodd cwrs ei fywyd yn ddramatig pan neidiodd ar y cyfle i ddod i Gymru.

O'r diwrnod y daeth yn Drefnydd 'Steddfod yr Urdd yn

1974 tan ei ymddeoliad chwarter canrif yn ddiweddarach, nod Elvey fu datblygu'r Eisteddfod yn Ŵyl Ieuenctid gwerth yr enw. Roedd yn sôn am ddyletswydd yr Eisteddfod i fod yn fentrus a heriol – ac wrth iddo dyfu yn y swydd daeth yntau yn fwy mentrus, heriol ac uchelgeisiol dros y 'Steddfod a'i darpariaeth. Eisteddfod fach dridiau – dydd Iau, Gwener a Sadwrn – a etifeddodd Elvey yn 1974. Erbyn y Barri yn 1977 aeth yn bedwar diwrnod, ac yna'n bum diwrnod, ac erbyn Cwm Gwendraeth yn 1989 roedd yn wythnos lawn. Ac i genedlaethau o rieni sydd wedi diawlio'r ffair ar faes Eisteddfod yr Urdd – Elvey oedd yn gwbl gyfrifol am hynny hefyd!

Ar ôl ymddeol o'r Urdd, fe ddechreuodd Elvey ar yrfa newydd fel hanesydd ac awdur – gan ysgrifennu *Yr Hirdaith* (hanes Edwin Roberts a'r *Mimosa*) a'i hunangofiant, sef *Llwch*. A hefyd dechreuodd drefnu teithiau blynyddol i'r Wladfa, er mwyn rhannu bro ei febyd, a'i wybodaeth helaeth am yr hanes, gyda chynulleidfaoedd newydd bob blwyddyn.

Dyma eiriau Elvey ar ddiwedd ei hunangofiant: 'Gofynnir yn aml i mi ymhle mae 'nghartref – ai yng Nghymru ynteu yn y Wladfa? Fy ateb bob tro yw: 'Ymhle bynnag mae Delyth yn byw'. [...] Credaf y medrwn fyw yn unrhyw ran o'r ddaear hon dim ond i mi gael fy nghymar ac anwyliaid eraill yno gyda mi. [...] Cefais fywyd hapus iawn [yng Nghymru]. Cymru oedd gwlad breuddwydion fy mhlentyndod [...] ac er nad yma mae beddrodau 'nhadau, yma mae fy mhlant, a'u plant hwythau'n byw. [...] Byddai eu cael hwy i gyd o 'nghwmpas am weddill fy oes yn cynnal fy llawenydd tan yr anadl olaf.'

Ac felly y bu.

Eurig Davies

'Mr Patagonia'

ROEDD FY LLWYBRAU i ac Elvey MacDonald wedi croesi o bryd i'w gilydd dros y blynyddoedd, yn enwedig yn sgil fy niddordeb cyffredinol yn y Wladfa a'i hanes, a'm diddordeb arbennig ym mywyd a gwaith y llenor 'Patagonaidd' Eluned Morgan (1870–1938).

Roeddwn yn ymwybodol, wrth gwrs, o gyfraniadau allweddol Elvey tuag at hyrwyddo'r Wladfa a'i hanes, nid lleiaf trwy ei gyfrol *Yr Hirdaith* (1999), ac o gyfraniad pwysig ei fam i fyd canu gwerin. Roeddwn hefyd wedi croesi llwybrau ag aelodau eraill o'i deulu, gan gynnwys dysgu ei fab Geraint yn y Brifysgol yng Nghaerdydd, a chael yr hyfrydwch hefyd o fwynhau cwmni ei chwaer Edith yn y Gaiman.

Ond newidiwyd gêr yn ein perthynas yn 2012. Yn dilyn cyfarfod cyhoeddus yn Aberystwyth ym mis Mai 2010, sefydlwyd 'Pwyllgor Dathlu Canmlwyddiant a Hanner Sefydlu'r Wladfa, 1865–2015' gan Gymdeithas Cymru-Ariannin. Roedd Elvey a minnau yn aelodau o'r pwyllgor llywio hwnnw, ac yna daeth y ddau ohonom hefyd yn aelodau o'r Gweithgor Treftadaeth a grëwyd gan y pwyllgor yn 2012 er mwyn hybu cyhoeddiadau a gweithgareddau eraill yn ymwneud â hanes y Wladfa.

Roeddem yn Weithgor o chwe aelod craidd, sef y ddiweddar Eirionedd Baskerville (y gwelwn ei cholli hi a'i chyfraniad nodedig yn fawr iawn), Walter Ariel Brooks,

David Leslie Davies, Bill Jones, Elvey MacDonald a minnau. Yn eithaf aml byddem yn cyfarfod ym Mhen-y-groes (yr un ger Rhydaman, nid yr un yn y Gogledd!). Y rheswm am hynny oedd ei bod yn fan eithaf canolog yn ddaearyddol i aelodau'r Gweithgor – neu, mewn geiriau eraill, yr un mor anghyfleus i bawb – gyda rhai ohonom yn byw yng Ngheredigion a'r lleill yn nwyrain Morgannwg. (Rydym yn sôn, wrth gwrs, am y cyfnod cyn-*Zoom*!)

Roedd cyfarfodydd y Gweithgor yn bleser pur, nid lleiaf am fy mod i, fel y Cadeirydd, yn cael trafferth cyson i gadw pawb ar 'lwybr cul' yr agenda. Oherwydd byddai aelodau'r Gweithgor wrth eu bodd yn dilyn pob math o sgwarnogod, gan adrodd straeon difyr a dadlennol rhif y gwlith am y Wladfa, ei phobl a'i hanes. Roedd y cyfan yn addysg ac yn ddifyrrwch mawr.

Nid oedd neb yn amlycach ei gyfraniad i'r Gweithgor – ac wrth hela sgwarnogod! – nag Elvey. Roedd ei frwdfrydedd dros y Wladfa a'i hanes yn gwbl heintus, a'i wybodaeth yn ddi-ben-draw. Nid rhyfedd iddo gael ei lysenwi'n 'Mr Patagonia'.

Yn rhan o weithgarwch y Gweithgor Treftadaeth, cytunodd Elvey i baratoi golygiad o ysgrifau Thomas Jones, Glan Camwy – un o'i hynafiaid – ar hanes dechreuadau'r Wladfa. Roedd yr ysgrifau wedi ymddangos yn wreiddiol yn gyfres yn *Y Drafod* yn 1926. Aeth Elvey ati i'w paratoi ar gyfer eu cyhoeddi'n gyfrol, ac erbyn iddo farw yn 2022, yr oedd bron wedi gorffen ei waith yn golygu'r ysgrifau ac ychwanegu nodiadau esboniadol.

Mae'n dda calon gweld ffrwyth gwaith Elvey ar ysgrifau Thomas Jones ar 'Hanes Cychwyniad y Wladfa ym Mhatagonia' yn cael ei gyhoeddi eleni – a hynny, yn briodol iawn, gan mlynedd union wedi i'r ysgrifau gwreiddiol ymddangos yn *Y Drafod* yn 1926.

Mae cael yr ysgrifau hyn gyda'i gilydd yn hwylus mewn cyfrol yn gymwynas fawr, oherwydd pwysigrwydd creiddiol ysgrifau Thomas Jones i unrhyw un sydd am astudio hanes cynnar y Wladfa. Ond mae'r gyfrol yn fwy o gymwynas fyth am ein bod ynddi yn cael elwa ar nodiadau Elvey, sy'n arddangos ei wybodaeth ddihafal yn y maes.

E. Wyn James

Rhagymadrodd gan Elvey MacDonald

Thomas Jones, Glan Camwy, ei fywyd a'i waith

Ei wreiddiau

Cardi oedd Thomas Jones, er bod peth anghytundeb parthed union leoliad ei eni. Blaen-porth oedd y lle hwnnw yn ôl a gredai ei ddisgynyddion, a dyna a gyhoeddodd yr hanesydd Matthew Henry Jones.[1] Dywed ei dystysgrif geni a'r cofnod bedydd taw yn nes i'r ffin â Sir Benfro, yn Nant-y-gof, Llangoedmor, Sir Aberteifi (fel y gelwid Ceredigion y dyddiau hynny), y gwelodd olau dydd gyntaf, ddydd Mercher, 31 Ionawr 1849 – gwybodaeth a gadarnheir yng Nghyfrifiadau 1851 ac 1861.

Thomas oedd trydydd mab David Jones 'y Teiliwr' (g. 1824) a'i wraig, Eleanor Evans (g. 1819). Evan (g. 1845) oedd y cyntaf-anedig, a Henry (g. 1846) yr ail – y ddau wedi eu geni ym Mlaen-porth.[2] Yna, ganed David (g. 1852) ac Elizabeth (g. 1856) – neu Lisa, fel y gelwid unig chwaer y bechgyn – yn Llangoedmor yn ôl Cyfrifiad 1861. Dengys Cyfrifiad 1851 fod y rhieni a'r tri mab hynaf yn byw bryd hynny yn Nant-y-gof.

Ar gofrestr Ysgol Llangoedmor, gwelir mai yno y

---

1 Matthew Henry Jones, *Trelew: Un Desafío Patagónico* ['Trelew: Her Batagonaidd'] (Golfo Nuevo, 1981), Cyfrol V, pennod 1, tud. 8, col. 1. (Roedd yr awdur yn ŵyr i Evan Jones, Triangl.) Gwyddom mai merch o Flaen-porth oedd Eleanor, a nodir yng Nghyfrifiad 1841 ac ar ei thystysgrif priodas yn 1845 taw Pen-y-bont, Blaen-porth oedd ei chartref.

2 Cyfrifiad 1851 (a Chyfrifiad 1861 hefyd yn achos Evan).

derbyniodd Henry (1856–7), Thomas (1855–7) a David (1857) o leiaf gyfran o'u haddysg. Roedd yna reswm da pam y gadawodd y tri brawd yr ysgol ar yr un pryd yn 1857, fel y gwelir isod.

Argyfwng

Os gellir coelio'r chwedloniaeth deuluol, roedd gwaith David Jones 'y Teiliwr' o safon uchel a bu galw mawr am ei siwtiau gan y rhai a fedrai fforddio talu amdanynt. O ganlyniad, credir bod y teulu yn gysurus eu byd (o gymharu eu sefyllfa ag amodau byw y gymuned leol). Yna, yn annhymig, ar 29 Mai 1857, bu farw'r penteulu yn 32 mlwydd oed – o glefyd Phthisis, medd y tystysgrif marwolaeth. Defnyddid yr enw hwnnw i ddisgrifio dau gyflwr a adwaenir heddiw wrth yr enwau Asthma a TB. Y tebygrwydd yw mai'r ail sy'n berthnasol yn yr achos hwn. Daearwyd ei weddillion ddeuddydd wedyn ym mynwent Eglwys Sant Cynllo, Llangoedmor. Chwyldrowyd bywydau ei weddw a'i blant. Hon oedd y ddolen gyntaf yn y gadwyn hir a fyddai, yn y pen draw, yn eu harwain at fath arall o newid byd – newid nad oedd erioed o'r blaen wedi croesi eu meddyliau.

Canlyniad uniongyrchol colli gŵr a thad oedd bod y teulu yn colli hefyd yr unig incwm rheolaidd a ddeuai i gynnal y cartref. Daeth y fam i'r casgliad yn fuan bod yn rhaid iddi hi a'i thylwyth chwilio am borfeydd brasach na rhai Ceredigion.

O'r caeau i'r pyllau

Erbyn Cyfrifiad 1841 mae'n debygol bod Evan Evans, Blaenporth, tad Eleanor, yn ŵr gweddw. Treuliai'r gwanwyn a'r haf yn gweithio fel llafurwr (labrwr) ar gaeau gwyrdd sir ei eni. Disgrifid ef fel '*Agricultural labourer*' yng Nghyfrifiad y flwyddyn honno ac fel '*Labourer*' ar dystysgrif priodas

Eleanor yn 1845. Mae lle i gredu ei fod yn ennill ei fywoliaeth yn ystod misoedd yr hydref a'r gaeaf drwy weithio hefyd fel labrwr mewn pwll glo yng nghymoedd Morgannwg – patrwm nad oedd yn anghyffredin ar y pryd. Dichon mai ato ef y troes Eleanor am gyngor ac arweiniad parthed y ffordd ymlaen.

Tua diwedd 1857, felly, mudodd y teulu – fel y gwnaeth llawer o'u cydnabod o'u blaen – i gymoedd Morgannwg, lle byddai Evan (12 oed), Henry (10 oed) a Thomas (8 oed) yn gorfod chwilio am waith. Cyflogwyd y cyntaf fel glöwr a'r ail fel cynorthwyydd saer maen. I'r pwll yr aeth Thomas hefyd. Yn ôl cof y teulu, fel y'i trosglwyddwyd ar draws y cenedlaethau, enillai'r tri eu cynhaliaeth ariannol mewn pwll glo yn Nowlais. Yng Nghapel Bethania,[3] addoldy a fynychent yn selog, ynghyd â'u mam, eu brawd ieuengaf a'u chwaer, y derbyniasant eu maeth ysbrydol.

Roedd y newid byd yn un syfrdanol – y tirwedd yn hagr a'r amgylchfyd diwydiannol a threfol ymhell o fod yn iach. Eu cyfeiriad newydd oedd 37 Spring Street, Dowlais – tŷ bychan mewn rhes o dai annedd ar un o lethrau'r dref. Mae'r cyfeiriad yn dal i fodoli heddiw, eithr pur wahanol oedd yr ardal yn yr 1860au. Nodai Adroddiad Arolygwr i Fwrdd Iechyd Merthyr yn 1863 fod yr amodau byw yn eithriadol o afiach yn holl strydoedd Dowlais oherwydd absenoldeb system garthffosiaeth, a bod carthion dynol yn llifo ar wyneb goleddfol y ddaear.[4] Yn goron ar y cyfan, roedd y gwaith yn galed a'r cyflog yn isel. Yn rhy isel, yn wir, i gynnal pawb. Yna, disgynnodd cwmwl du arall drostynt pan fu farw Henry yn 14 oed ar 13 Ebrill 1860. Clefyd y bledren, medd y tystysgrif marwolaeth, oedd yr aflwydd y

3 Jones, *Trelew: Un Desafío Patagónico*, Cyfrol IV, tud. 135, col. 2.

4 *Merthyr Telegraph*, 7 Mawrth 1863.

bu'n brwydro'n aflwyddiannus yn ei erbyn am flwyddyn.[5]

Tystiodd Evan a Thomas flynyddoedd yn ddiweddarach fod y gwaith yn galed ac na welent yr haul ond ar y Suliau, cyn hired oedd yr oriau a dreulient dan ddaear – a chytunasant na châi David, eu brawd, fyth ddilyn ôl eu traed. Byddai unrhyw waith yn well iddo na mentro i'r pyllau glo neu'r gweithfeydd dur a haearn.

Dechreuodd Evan fynychu ysgol nos i gwblhau ei addysg gynradd. Gydag amser, dyrchafwyd ef i swydd oedd yn talu cyflog uwch ac yn cynnig gwell amodau gwaith, sef archwilio cledrau haearn a dychwelyd y rhai diffygiol i'w haildoddi.[6]

Draw dros y môr

Yn ystod 1861, symudodd Eleanor o Ddowlais, a bu'n rhaid i bawb ond Evan godi eu pac unwaith eto ac ymsefydlu yn ardal Maes-y-dre, Aberdâr. Roedd Thomas Jones erbyn hyn yn 12 oed a chafodd waith yn un o byllau'r fro.

Roeddynt yn mynychu gwasanaethau Capel Siloa, lle'r oedd y Parchedig Abraham Matthews – un o ddisgyblion Michael D. Jones, Prifathro Coleg y Bala ar y pryd – yn weinidog. Swynwyd hwy yn fuan gan y sôn am sefydlu gwladychfa Gymreig ym Mhatagonia, ac mae gan Thomas Jones atgofion byw a gwrthrychol iawn o'r ymgyrch ac o gyfraniad Edwyn Cynrig Roberts i'w llwyddiant. Yn rhyfedd iawn, nid yw'n cyfeirio at y rhan y chwaraeodd ei weinidog yn y cyfnod hwn.

Roedd Abraham Matthews yn bregethwr huawdl ac yn ŵr cymeradwy gan ei gynulleidfa. Roedd hefyd yn ddilynwr brwd ei gyn-Brifathro yn y Bala, ac o ganlyniad yn ymgyrchydd egnïol a blaengar dros y cynllun ymfudol.

5 *'Disease of the bladder'* – tystysgrif marwolaeth Henry Jones.

6 Jones, *Trelew: Un Desafío Patagónico*, Cyfrol IV, tud. 136, col. 1.

Ymhlith ffyddloniaid eraill ei gapel roedd aelod o Bwyllgor Cenedlaethol Cymdeithas y Wladychfa Gymreig (neu 'Pwyllgor Lerpwl', fel y'i gelwid, oherwydd mai yn y ddinas honno yr oedd mwyafrif yr aelodau yn byw ac am mai yno hefyd yr arferent gyfarfod). Ei enw oedd Thomas Davies.

Gŵr gweddw oedd Thomas Davies (g. 1825) – tad i bedwar: David (g. 1847), Hannah (g. 1849), Lisa (g. 1854) ac Ann (g. 1858). Roedd y teulu hwn hefyd wedi byw yn Nowlais (ac mae'n debyg eu bod yn adnabod Eleanor a'i phlant bryd hynny). Fodd bynnag, yn fuan wedi iddo golli ei wraig, ailbriododd Thomas Davies (a oedd yn fwyngloddiwr haearn; *'iron miner'* yn ôl y tystysgrif priodas) ag Eleanor, mam Thomas Jones, yng Nghapel Siloa ar 3 Awst 1863, tua dwy flynedd cyn i'r teulu cyfansawdd deithio i Lerpwl ym mis Mai 1865 i ymuno â'r fintai arloesol a ymfudodd i Batagonia – yr ail uned deuluol fwyaf ar fwrdd y *Mimosa*.

Yn y byd newydd

Wedi glanio ym Mhorth Madryn a chyrraedd Dyffryn Camwy – ac wedi i Gyngor y Wladfa ddosrannu'r tir drwy fwrw coelbren – sefydlasant eu cartref ychydig i'r dwyrain o Gaer Antur (a alwyd yn 'Tre-Rawson' yn ddiweddarach – Rawson wedi hynny), ar y caeau a ddaeth i'w rhan. O ystyried maint y teulu, nid yw'n destun syndod iddynt adeiladu tŷ mawr arno, ac o wybod am natur yr olygfa oedd o'u cwmpas, nid rhyfedd nac amhriodol oedd iddynt ei alw yn 'Dyffryn Dreiniog'.

Mynych yw'r cyfeiriadau mewn llythyrau ac ysgrifau at y croeso, y caredigrwydd a'r lletygarwch a dderbyniodd llawer o'u cyd-wladfawyr a newydd-ddyfodiaid ar yr aelwyd hon. Yno, am flynyddoedd lawer, a llawer o'r plant wedi gadael y cartref i ffurfio eu haelwydydd eu hunain, y cafodd nifer o ymfudwyr diweddarach lety a chwsg am o leiaf eu noson gyntaf yn y wlad newydd.

Glan Camwy

Gadawodd Thomas Jones y nyth ychydig dros ddwy flynedd wedi'r glanio. Yn unol â'r drefn a osododd Cyngor y Wladfa, cafodd feddiant ar dir i'w amaethu gynted ag y dathlodd ei ben-blwydd yn ddeunaw oed ddiwedd Ionawr 1867. Lleolid ei eiddo newydd yn ardal Glyn Du, ychydig filltiroedd i'r gorllewin o Ddyffryn Dreiniog, ar lan ogleddol Afon Camwy (newidiodd hithau ei chwrs wedi hynny, gan ymbellhau tua mil o fetrau tua'r de). Awgrymodd ei gyfeillion John Hughes, Glyn Llifon, a Richard Jones, Glyn Du, y dylai ddilyn eu hesiampl a galw'r lle yn 'Glyn Camwy'. Yn ogystal, Glyn Coch oedd enw fferm John, brawd hynaf Richard Jones, Glyn Du. 'Gormod o *glyn*', ebe Thomas Jones, gan setlo ar 'Glan Camwy'.

Ei aelwyd a'i deulu

I aros am ddyddiau gwell, cloddiodd ogof fechan (gwelir ei holion hyd heddiw) wrth fôn bryncyn isel yng nghornel ogledd-ddwyreiniol ei deyrnas newydd, oedd yn wag o bopeth ac eithrio cerrig a drain, fel yr oedd holl diroedd y dyffryn ar y pryd. Hwn fu ei gartref nes iddo briodi ddydd Mawrth, 18 Ionawr 1870, â Sarah Jones, gwraig weddw rai blynyddoedd yn hŷn nag ef. Erbyn hynny, roedd y dasg o adeiladu ei fwthyn newydd, ar lannau hen wely Afon Camwy, wedi ei chwblhau gyda chymorth Evan ei frawd, ac yno y dechreuodd Thomas a Sarah eu bywyd priodasol.

Flynyddoedd yn ddiweddarach, pan fesurwyd y ffermydd am y trydydd tro gan Edward Owen a Llwyd ap Iwan er mwyn agor ffyrdd rhyngddynt – anghenraid na feddyliodd tir-fesurwyr y wladwriaeth amdano yn

1865 (nac yn 1875, pryd y mesurwyd rhagor o ffermydd ar gyfer newydd-ddyfodiaid) – darganfu Thomas fod ei fwthyn yn sefyll ar draws yr heol newydd (neu'r 'llinell' fel y'i gelwid yn y Wladfa, am fod yr heolydd i gyd wedi eu gosod ar batrwm llinellau unionsyth), a bu'n rhaid iddo ei ddymchwel a'i ailadeiladu o fewn ffiniau newydd ei fferm. Gyda mân ychwanegiadau, na chyfrannodd ddim at ei harddu (gan gynnwys cegin a godwyd yn ail hanner yr 1940au oherwydd bod hollt wedi ymddangos ar un o waliau'r hen gegin fawr wreiddiol), saif yr adeilad hwnnw ar ei draed hyd heddiw.

Yno ganed plant Thomas a Sarah: Morfudd (g. 1870), Owen (g. 1872), Elin (g. 1873), yr efeilliaid Naomi a Ruth (g. 1875), Dafydd (g. 1878), a'r cyw melyn olaf, John James (g. 1881). Dyna'r saith a ymunodd â Mary Ann (g. 1867) ac Elizabeth Harriet (g. 1868), sef merched Sarah o'i phriodas gyntaf â James Jones. Roedd Sarah a James wedi colli dau blentyn ar y *Mimosa*: Mary Anne (1862–65) a James (1864–65). Bu farw James Jones (y tad), un o ddwylo'r *Denby*, llong fechan y Wladfa, tua diwedd Chwefror 1868 o ganlyniad i longddrylliad.

Ymddengys mai Thomas Jones, Glan Camwy, oedd 'meddyg' y teulu. O leiaf, adroddodd un o'i wyresau nifer o hanesion amdano yn gwella cleifion o fân afiechydon ac o effeithiau damweiniau amaethyddol a ddioddefai llawer yn eu tro. Cadwai ei ben pan oedd eraill yn brawychu a digalonni, a gwyddai sut i baratoi ambell drwyth i leddfu poen a gwres, neu eli i wella briwiau. Nid oedd yn unigryw yn hynny o beth, oherwydd bod ffermwyr cyffredin (yn wŷr a gwragedd) yn gorfod gwneud eu gorau i wella cleifion, gan mai prin oedd gwasanaeth meddygol yn y mwyafrif o gymunedau'r Wladfa am flynyddoedd lawer. Clywid hanesion tebyg am rai o drigolion eraill y dyffryn fu'n gofalu am gleifion, ac am fenywod a weithredodd fel bydwragedd gan nad oedd meddygon na nyrsys ar gael bryd hynny.

Dichon na ddylai fod yn syndod deall bod Thomas Jones, fel mab i deiliwr, yn hoff o wisgo'n dda a'i fod yn berchen ar nifer o siwtiau. Un haf, prynodd ei nawfed, un wen. Pan ddaeth Evan ei frawd i ymweld ag ef un dydd, meddai Thomas: "Wel' di, Ifan, un fel hyn ddylet ti gael – mae'n ysgafn neis ar gyfer y tywydd poeth 'ma."

"Wel ie," atebodd y brawd mawr (oedd hefyd yn ŵr gweddw erbyn hynny), "pe cawn i rywun i'w golchi a'i smwddio hi."

Trawyd Thomas gan y sylw hwn ac ymddiheurodd yn benisel i'w ferch yng nghyfraith, Myfanwy, gwraig John ei fab, oedd yn dyst i'r sgwrs, "Feddylies i ddim, Myfi, mai chi fyddai'n gorfod ei golchi a'i smwddio hi."

Mae'n amlwg, yn ogystal, fod Thomas Jones yn hoff o ganu – caneuon gwerin Sir Aberteifi a Morgannwg yn bennaf – gyda'r unig bwrpas o'i ddiddanu ei hun a'i geraint, a dysgodd hwynt i'w wyrion. Roedd nifer ohonynt yn dal i fod ar gof ei wyres, Sarah Jones de MacDonald, hyd at ei dyddiau olaf. Cofnododd y Dr. Meredydd Evans a'i wraig, Phyllis Kinney, nifer o alawon ganddi a oedd, meddent, wedi eu hen anghofio yng Nghymru. Er bod sôn i Thomas Jones, Glan Camwy, ganu ar fwrdd y *Mimosa*, nid oes cofnod iddo wneud hynny fel unawdydd ar lwyfannau cyngherddau a nosweithiau llawen y dyffryn. Ni fedrai ddarllen cerddoriaeth ac er bod ganddo lais tenor clir, ysgafn a swynol, llinell y soprano a ganai yn ddi-feth yng ngwasanaethau Capel Tabernacl, Trelew.

Anturio

Mae Richard Jones, Glyn Du, cyfaill Thomas Jones, Glan Camwy, yn adrodd stori amdanynt ill dau (heb eu henwi) yn mentro'n ddibetrus i ganol y paith er mwyn ymuno â mintai o ddynion arfog a erlidiai grŵp o frodorion oedd wedi lladrata 65 o geffylau.[7] Cychwynnodd y ddau yn hwyr oherwydd iddynt orfod cerdded cryn bellter i ddal eu meirch. Wedi marchogaeth drwy'r dydd heb lwyddo i oddiweddyd y fintai, bu'n rhaid iddynt gysgodi y tu ôl i lwyni dros nos (a honno'n noson oer a di-gwsg iddynt) heb ollwng gafael ar yr awenau. Nid oeddynt wedi mentro i gynnau tân rhag tynnu sylw'r brodorion.

Gyda'r wawr, gwelsant farchog yn dynesu, ond pan welodd yntau, sef un o'r brodorion, fod y ddau yn rhuthro tuag ato ef, troes yn ei ôl i chwilio am gymorth ei gyfeillion. Eithr tro'r ddau wron oedd troi a ffoi pan welsant fod tua deg marchog arfog yn carlamu tuag atynt hwy. Llwyddodd y ddau i groesi hafn ddofn a chuddio y tu ôl i lwyni trwchus, a rhuthrodd yr erlidwyr heibio iddynt heb eu gweld. Buont yn ddigon ffodus i ddod ar draws y fintai wladfaol a darganfod bod y rheiny wedi methu cychwyn ar yr amser penodedig y diwrnod blaenorol! Efallai mai band *Mapuche* oedd y tu ôl i'r lladrad, ac ni welwyd mohonynt eto. Nid yw Thomas Jones yn adrodd y stori am yr antur hon. Arwydd o'i wyleidd-dra yw'r ffaith nad yw'n ei enwi ei hun wrth adrodd am rai o gampau a gwrhydri (neu ffolineb) ei lencyndod.

Yn ei fro

Ni chyfyngodd Thomas Jones ei ddiddordebau i ffermio a magu teulu yn unig. Yn hytrach, ymdaflodd i fywyd ei gymuned gydol ei oes, o ddyddiau ei ieuenctid. Fel y gwelir rhwng cloriau'r gyfrol hon, bu'n aelod (dan oed ar y dechrau) o Fyddin y Wladychfa, llu bychan a sefydlwyd i warchod y Wladfa rhag ymosodiadau (na ddigwyddodd erioed). Fel

7 Richard Jones, 'Y Wladfa Gymreig', *Y Drafod*, 4 Mehefin 1920.

sawl un o'i gymdogion, gwirfoddolodd ei wasanaeth ar bob lefel.

Pan adeiladwyd Capel Rawson yn 1873, anfonwyd ef yng nghwmni William R. Jones (Y Bedol) ac un gŵr arall nas enwir, i'r dyffryn uchaf i chwilio am goed addas. Wedi eu torri a'u clymu at ei gilydd i ffurfio rafft, gwthiasant hi i'r afon a theithiasant arni nes cyrraedd y dref. Mae'n werth darllen adroddiad Thomas Jones am ddigwyddiad a ddiweddodd gyda dogn o ddigrifwch ond a fedrai fod wedi troi yn ddamwain angheuol i W. R. Jones (gweler pennod 15 yn y gyfrol hon).

Wrth i'r Wladfa ddatblygu ac i nifer y ffermydd gynyddu, gwelodd Thomas Jones, ynghyd â Richard Jones, Glyn Du, a chyfeillion eraill, yr angen i adeiladu capel i wasanaethu gwladfawyr canol y dyffryn isaf, gan roi cychwyn yn 1880 ar Gapel Moriah (mewn ardal sydd ychydig dros ddeng milltir o Rawson ac sydd, bellach, yn rhan o gyrion Trelew – dinas nad oedd yn bod ar y pryd). I'w frawd Evan yr ymddiriedwyd y dasg o adeiladu'r capel newydd ac roedd Thomas yn un o'i gynorthwywyr.

Tua diwedd gaeaf 1884, bu Thomas Jones yn wael iawn ei iechyd, a daeth ei fam i Lan Camwy i 'weini arno yn ei gystudd'. Pan ddychwelodd hithau i'w chartref, daliwyd hi mewn storm o law mawr a gwlychodd hyd at ei chroen. O ganlyniad, bu'n glaf o niwmonia am wythnosau lawer a bu farw ddydd Mercher, 12 Tachwedd 1884. Yn ôl adroddiad yn *Y Celt*, rhoddwyd teyrngedau lu iddi yn ystod y gwasanaeth, gyda phwyslais ar ei 'haelioni a'i lletygarwch dihafal [... a'i sêl] dros achos crefydd'. 'Yr oedd cylch ei dylanwad lawer yn ehangach na'r un wraig arall yn y Wladfa', meddai'r awdur.[8] Pwysodd tynged ei fam yn drwm ar gydwybod Thomas Jones. Yn ei alar, gresynai nad oedd

8 John S. Williams yn *Y Celt*, 16 Ionawr 1885.

neb wedi bod ar gael i roi iddi yr un math o ofal ymroddedig a dderbyniodd yntau (a chleifion niferus eraill) ganddi hi.

Dydd Gwener, 21 Mehefin 1907, bu farw Sarah, gwraig Thomas Jones, wedi 37 mlynedd o fywyd priodasol. Daearwyd ei gweddillion marwol ym mynwent Moriah. Eithr nid yno y gorffwys ei rai ef. Gwelir yn y man beth a ddigwyddodd iddynt hwythau.

Adeiladu'r rheilffordd a mintai'r *Vesta*

Pan ddechreuodd y gwaith o adeiladu rheilffordd o'r Bae Newydd i Ddyffryn Camwy, rhannwyd y gweithlu – a gyrhaeddodd ar y *Vesta* yn 1886, ugain mlynedd wedi glaniad y *Mimosa* – yn ddwy garfan. Byddai'r gwŷr priod yn dechrau'r gwaith ar safle wrth gyrion gogleddol Dyffryn Camwy oedd ychydig dros ddeng milltir o Rawson a thua'r un pellter o'r Gaiman (sef unig ganolfannau poblog Dyffryn Camwy ar y pryd). Cyfrifoldeb y dynion sengl (tua 150 ohonynt) oedd dechrau'r gwaith yn y Bae. Codwyd gwersyll o gabanau pren elfennol iawn i'w lletya yn y Fali Fawr (lle saif rhan o ddinas Porth Madryn heddiw).

Y bwriad oedd cludo'r dynion priod (yr oedd tua'r un nifer ohonynt â'r rhai sengl), ynghyd â'u gwragedd a'u plant, i'r dyffryn, lle gwnaed trefniadau ychydig yn fwy sefydlog ar eu cyfer hwy. Gan nad oedd adnoddau ar gael i gludo cynifer o bobl gyda'i gilydd, lletywyd rhai parau dros dro yn yr ogofâu a agorwyd ar wahanol achlysuron wedi glanio'r *Mimosa*, a'r tro hwn, do, ganed geneth mewn ogof i un pâr wrth iddynt aros eu tro am gludiant.[9]

Yn raddol, codwyd nifer o dai o gwmpas pen y dyffryn

9 Nid adeg y glanio yn 1865 fel y dywedir yn erthygl Gilbert Johnson, 'The Patagonia-Welsh', *Saskatchewan History*, Vol. XVI, No. 3 (Autumn 1963), tud. 91. (Ceir fersiwn electronig o'r rhifyn hwnnw o'r cylchgrawn yma: https://sab.files.com/preview/f/bVVZ6WWFP10/SK%20History/SKHistory_Vol16_No3.pdf) Y rhieni oedd Mr a Mrs Peter Jones. Galwyd y plentyn yn Margaret Ann.

o'r rheilffordd, a dyna sut y daeth y dref a elwid wedyn yn Trelew i fodolaeth – ffenomenon na ddigwyddodd ar y pen arall yn y Bae ar y pryd, oherwydd nad oedd mamau a phlant yno, ac felly nad oedd angen tai i'w cartrefu.

Yn ddiweddarach, pan aeth y dynion ar streic mewn protest am yr amodau gweithio a byw, cyflogwyd carfan niferus o Eidalwyr a ddaeth yn bennaf o Buenos Aires. ('Erbyn diwedd 1889, amcangyfrifid bod yna tua 200 o Eidalwyr yn byw yn y Wladfa', medd Matthew Henry Jones.)[10] Roedd carfan mor niferus yn sicr o danseilio hegemoni'r Gymraeg yn y dyffryn, ac fe wnaeth. Gydag amser, priododd llawer o'r dynion hyn â merched gwladfaol a'r Sbaeneg fyddai iaith y mwyafrif o'r aelwydydd hyn ac iaith y plant a aned iddynt – eithr teg yw nodi bod llawer o'r rheiny hefyd wedi dysgu Cymraeg wrth ffedogau eu mamau.

Busnes, gwleidyddiaeth a chrefydd

Ar ddiwedd y dasg o adeiladu'r ffordd haearn yn 1887, symudodd y ddwy garfan (yn cynnwys llawer iawn o ddynion sengl) i Drelew. Fel Cardi da, nad oedd holl ddŵr yr Iwerydd wedi llwyddo i foddi ei gyneddfau, gwelodd Thomas Jones gyfle i fentro i fyd busnes! Cododd adeilad yng nghanol y dreflan newydd, lle y sefydlodd fwyty ar gyfer y gweithwyr. Bu hwnnw'n llewyrchus iawn. Gwerthodd ef yn 1910, er mwyn cyllido ei daith i Gymru yng nghwmni Evan – yr unig un o'i frodyr oedd yn fyw erbyn hynny.

Ymroddodd Thomas Jones gyda'r un brwdfrydedd i'r gwaith o gefnogi sefydliadau fyddai'n allweddol yn hanes y Wladfa gynnar a'i chyfundrefnau. Bu'n aelod o Gyngor Tref Rawson, gan ganolbwyntio ei sylw ar anghenion Trelew, pentref a ddisgynnai bryd hynny o fewn tiriogaeth

10 Jones, *Trelew: Un Desafío Patagónico*, Cyfrol I, tud. 16, col. 1.

Rawson. (Rawson bellach yw prifddinas Talaith Chubut.)

Yn sylwebydd craff ac yn siaradwr huawdl, nid ofnai fynegi ei farn yn gyhoeddus, ac fe wnâi hynny yn gyson yng nghyfarfodydd y capel, ac yng nghyfarfodydd blynyddol chwedlonol Cwmni Masnachol y Camwy – a adwaenid ar lafar gwlad wrth ei brif lythrennau, yr 'CMC' – lle bu'n aelod o Fwrdd y Cyfarwyddwyr am dymor, nes dod yn un o'i feirniaid llymaf ar adeg pan gyhuddid y Bwrdd o gamweinyddu ac o weithredu yn erbyn buddiannau'r cyfranddalwyr.

Yn rhifyn 3 Mehefin 1908 o *Y Drafod*, mewn ysgrif oedd yn trafod sgwrs gyfrinachol parthed penodiad rheolwr newydd i gangen Trelew o'r CMC, dywedodd yr awdur dienw fel a ganlyn:

> Canmolai [un o drigolion y dref] yn fawr y dyn sydd wedi ei benodi i edrych ar ôl y safle yn Nhrelew. *The right man in the right place* ydyw. Paham na ddywedai ei enw, nis gwyddom. Ond mae'r cofnodydd yn credu mai'r Br. Thomas Jones, Glan Camwy ydyw. Os mai e, rhwydd gredwn ei fod yn llawn haeddu'r ganmoliaeth; yn wir, gwnaeth T. Jones dipyn o'r gwaith hwn yn ddi-dâl pan oedd yn gyfarwyddwr [...] Gwnaeth T. Jones ei ran yn ddewr [...].

Eithr nid oes cofnod iddo erioed gael ei benodi'n rheolwr y gangen. Bu Thomas Jones hefyd yn aelod gweithgar o'r Cwmni Dyfrhau; ond er gwaethaf ei ddiddordeb mewn busnes a gwleidyddiaeth leol, diau mai'r swydd yr ymfalchïai fwyaf ynddi oedd bod yn flaenor yng Nghapel Tabernacl, Trelew.

Does dim dwywaith fod Thomas Jones, Glan Camwy, yn ddadleuwr miniog, yn areithiwr grymus, ac yn ŵr derbyniol iawn i'w gynulleidfa. Gelwid yn gyson arno i lywyddu gwyliau lleol, cyngherddau, cyfarfodydd cyhoeddus, dathliadau blynyddol megis Gŵyl y Glaniad, a hyd yn oed wasanaethau angladdol yn absenoldeb y gweinidog perthnasol. Roedd yn ddarllenwr brwd hefyd, fel y tystiai'r casgliad cynnil ond gwerthfawr o lyfrau Cymraeg yn ei gypyrddau (casgliad cyflawn o gyfrolau'r nofelydd o'r Wyddgrug, Daniel Owen, yn eu plith).

Ysgrifau Thomas Jones

Er nad oes modd ei gyfrif yn un o brif haneswyr y Wladfa, ni ellir amau bod gan Thomas Jones ddiddordeb ysol yn hanes ei sefydlu, a'i fod yn credu'n gryf yn yr angen i gofnodi a throsglwyddo pob gwybodaeth am yr hanes yr ystyriai ef yn bwysig ar gyfer y cenedlaethau oedd i ddilyn. Cofiai ei wyresau Sarah a Neved Jones amdanynt hwy ac Urien, eu brawd bach, yn ymgynnull o gwmpas tân cegin fawr Glan Camwy ambell noson hir o aeaf i wrando'n astud ar eu taid yn adrodd hanesion am anturiaethau cynnar y gwladfawyr yn eu hamgylchfyd newydd – digwyddiadau yr oedd yntau wedi bod yn dyst iddynt, ac yn aml yn un o'u cymeriadau.

Er nad ofnai gywiro camgymeriadau ffeithiol pwysig yn fersiynau ei gyfeillion a'i gydnabod, bu yntau (fel sawl un arall cyn ac ymhell wedi ei ddyddiau ef!) yn euog o'r un bai. Llithrodd camgymeriadau ffeithiol i rai o'r ysgrifau a atgynhyrchir yn y gyfrol hon, yn enwedig wrth iddo drafod digwyddiadau na fu ef ei hun yn dyst iddynt. Nid ydynt yn niferus, a dichon y gellir maddau'r llithriadau hyn i hen werinwr yng nghanol ei saithdegau oedd yn gweithio heb unrhyw adnodd y medrai ddibynnu arno ac eithrio ei gof. O ganlyniad, ni ellir honni bod hwn yn adroddiad cyflawn o'r hyn a ddigwyddodd ym mlynyddoedd cynnar y Wladfa.

Wedi dweud hynny, cofnododd Thomas Jones nifer o ffeithiau a manylion diddorol na chyfeiriodd neb arall atynt. Mae hynny'n wir (i raddau helaethach) am gyfraniad ei hen gyfaill, Richard Jones, Glyn Du, a gyhoeddodd ysgrifau hynod gyfoethog a difyr yn *Y Drafod* (1903, 1913 ac 1919/20).[11] Cofiai wyresau Thomas Jones, Sarah a Neved Jones, am y ddau henwr byrgoes yn trafod yr hanesion yn rheolaidd yng Nglan Camwy, tra'n mwynhau gwres yr haul yn eistedd ar fainc a bwysai yn erbyn un o furiau'r ffermdy. Byddai cyfrolau pob un o haneswyr modern y Wladfa o ddyddiau R. Bryn Williams ymlaen, wedi bod yn llawer tlotach heb ysgrifau'r ddeuddyn hyn. Serch hynny, mae'n bosibl mai yn ddamweiniol y cafodd Thomas Jones ei gyfle i roi ei atgofion mewn print.

Yn 1926, cyhoeddwyd erthygl yn *Y Drafod* yn honni mai yn ogofâu mawr Porth Madryn y llochesodd aelodau'r fintai gyntaf. Roedd Elin, un o ferched Thomas Jones, yn briod â Llewelyn Williams, is-olygydd *Y Drafod*, ac arferai'r hen wladfäwr dreulio ambell benwythnos ar eu haelwyd. Mae'n amlwg bod Llewelyn Williams wedi trafod yr erthygl gyfeiliornus honno gyda'i chwegrwn cyn iddi gael ei chyhoeddi, oherwydd ychwanegodd y golygydd droednodyn yn nodi fod Thomas Jones, Glan Camwy, yn gwadu cywirdeb yr honiad. Efallai hefyd mai hyn a ysgogodd y naill a/neu'r llall i feddwl am yr angen am gyfres newydd o erthyglau ar hanes yr ymgyrch yng Nghymru, taith y *Mimosa*, a dioddefaint ac arwriaeth y gwŷr a'r gwragedd a osododd seiliau'r Wladfa yn yr anialdir. Byddai'r pwyslais ar gywiro gwallau a chamgymeriadau ffeithiol a ymddangosai o bryd i'w gilydd yn y papur. Mae brawddegau agoriadol yr erthygl gyntaf yn datgan hynny'n eglur.

Bu'r broses o roi'r erthyglau ar bapur yn ymgyrch

11 Cyhoeddodd Dr. Fernando Coronato gyfieithiad Sbaeneg o gyfres 3 Hydref 1919–29 Hydref 1920 mewn cyfrol yn dwyn teitl *Del Imperio al Desamparo* ['O Ymherodraeth i Amddifadrwydd'] (ail argraffiad, Puerto Madryn 2013).

deuluol. Cofiai Sarah Jones de MacDonald weld ei thaid yn cerdded yn ôl ac ymlaen yng nghegin fawr Glan Camwy, wedi ymgolli yn ei nodiadau, yn eu darllen yn uchel, a'i mam hithau, Myfanwy (gwraig John James Jones, mab Thomas Jones), yn trawsgrifio'r penodau yn ei llawysgrifen orau i'w hanfon i'r wasg. Pan fyddai Thomas Jones yn lletya gydag Elin a Llewelyn yn Nhrelew, Elin ei ferch fyddai'n gyfrifol am y gorchwylion hynny.

Goroesodd yr ysgrifau yn gyflawn hyd at ein dyddiau ni yn *Y Drafod*. 'Dogfen ddiddorol tu hwnt', meddai'r Athro Gareth Alban Davies am y casgliad mewn neges dyddiedig 19 Ebrill 1994 at olygydd y gyfrol bresennol. Mae'r llawysgrifau gwreiddiol ar gael o hyd hefyd, ac fe'u cedwir gan weddw un o'i orwyrion, y ffotograffydd adnabyddus Edi Dorian Jones. Mae ambell baragraff yn amlygu cyfoeth geirfa Thomas Jones, a difyr yw'r fflachiadau o hiwmor a choegni a ddaw i'r golwg mewn rhai brawddegau. Wedi dweud hynny, anwastad yw'r mynegiant, ac mae ôl brys ar ambell bennod. Gan na chafodd fawr ddim addysg ffurfiol, roedd ei sillafu'n unigryw, sy'n egluro, efallai, pam nad oedd am ysgrifennu'r fersiwn derfynol ei hun. Efallai hefyd fod papur ysgrifennu yn brin yn Nyffryn Camwy y blynyddoedd hynny, oherwydd defnyddiai bob milimedr gan lenwi rhai tudalennau ar eu hyd a'u lled.

Mae'r brawddegau sy'n cloi'r ddeunawfed bennod, un olaf y gyfres, yn awgrymu bod yr awdur yn barod i barhau ei stori 'os byw ac iach y byddaf'. Gwaetha'r modd, ni chadwodd at ei air. Er iddo fyw am wyth mlynedd arall, gan fwynhau iechyd rhagorol, nid ysgrifennodd am nifer o destunau a fyddai'n sicr o fod wedi bod o ddiddordeb iddo ef (ac i'w ddarllenwyr), megis y misoedd hir y bu'r Wladfa allan o gysylltiad â'r byd mawr; taith Lewis Jones i Gymru a methiant ei ymgais i ddenu nifer sylweddol o ymfudwyr i ddychwelyd gydag ef (a'r methdaliad a lethodd Michael D. Jones gorff ac ysbryd yn ei sgil); y llwyddiant amaethyddol a masnachol a dynnodd sylw awdurdodau'r Ariannin, a chanlyniadau poenus y darganfod hwnnw; dyfodiad cynrychiolydd cyntaf y wladwriaeth i dref Rawson a sgileffeithiau hirhoedlog ei benodiad; llwyddiant annisgwyl ymgyrchoedd Edwyn Cynrig Roberts, D. S. Davies ac Abraham Matthews i ddenu ton newydd o wladfawyr ac effaith hynny ar economi'r Wladfa ac ar y Gymraeg yn Nyffryn Camwy; a dechrau'r anturio i'r berfeddwlad.

Mi fyddai'r rheiny a straeon eraill wedi caniatáu iddo ymestyn rhychwant ei sylwadau hyd at ddiwedd yr 1870au. Ac eto, tybed a fu cwblhau'r gyfres gyntaf hon yn ddigon o straen iddo benderfynu peidio â dechrau'r un nesaf? Eithr ofer yw holi heddiw beth fu achos segurdod ei ysgrifbin o Hydref 1926 ymlaen. Serch hynny, roedd ganddo un cyfraniad pwysig eto i'w wneud ar lafar, er mwyn cywiro o leiaf un camgymeriad hanesyddol pwysig a achosodd ddadl sy'n dal i rygnu ymlaen hyd at ein dyddiau ni.

Penrhyn yr Ogofâu

Mewn erthygl a gyhoeddwyd ym Mhorth Madryn (yn *Golfo Nuevo*, rhif 878, 19 Rhagfyr 1931), adroddir bod llochesi cyntaf y gwladfawyr wedi dod i'r golwg wrth i rym storm o wyntoedd cryfion glirio'r tywod oedd wedi eu gorchuddio am ddegawdau. Ogofâu oedd y rhain eto, tyllau llawer llai eu maint a dorrwyd ym mlaen Penrhyn yr Ogofâu (ac a roddodd i'r penrhyn ei enw). Yn fuan wedyn, gwahoddwyd Thomas Jones, ac yntau bellach yn 81 mlwydd oed, i weld dwy ohonynt – o bosib yr unig ddwy oedd yn y golwg ar y pryd.

'Tywysodd Mr. Jones ni at y safle heb betruso, gyda sioncrwydd a chryfder gŵr ifanc', meddai Leoncio Deodat, un o'r haneswyr lleol. Yno, gwadodd yr henwr mai'r tyllau (a welir hyd heddiw) oedd lleoliad y cabanau a adeiladwyd ymlaen llaw gan Edwyn Cynrig Roberts a'i gynorthwywyr. Tyllau a gerfiwyd gan aelodau'r fintai *wedi'r* glaniad oeddent, meddai – dwy ohonynt at y pwrpas o lochesu negeseuwyr y Wladfa pan ddeuent i'r bae i gasglu post, nwyddau a theithwyr.

Yn dilyn ei ymweliad, bu'r cylchgrawn yn ddigon gonest a mawrfrydig i gydnabod ei fyrbwylledd a chywiro'r camgymeriad. Ar sail tystiolaeth Thomas Jones, cadarnhaodd hanesydd lleol arall, Orestes Trespailhié, 'Nid oes i'r ogofâu y pwysigrwydd y ceisiwyd rhoddi iddynt ar y dechrau.'[12] Serch hynny, hyd heddiw, gwelir cyfeiriad at y 'darganfyddiad' yn Amgueddfa'r Glanio, ger y Penrhyn, heb ychwanegu unrhyw sylw am y cywiriad.

Cymhellion masnachol oedd yn ysgogi'r rhai oedd am ddatblygu'r safle yn yr 1930au a'i droi yn atyniad twristaidd. Dichon mai ymgais ddiffuant i berswadio arweinyddion dinesig llugoer Porth Madryn o bwysigrwydd hanesyddol epig mintai'r *Mimosa* a'i harwyddocâd i'r ddinas, i'r dalaith ac i weriniaeth yr Ariannin yw'r cymhelliad sy'n gyrru hyrwyddwyr y syniad y tro hwn – eithr mae'n amlwg mai teimlad Thomas Jones a'i debyg oedd y dylid parchu cywirdeb ffeithiau yr ystyrient hwythau yn bwysig.[13]

Does dim lle i amau mai yn ystod ecsodus marwanedig 1867 y tyllwyd rhai o'r gweddill (pan benderfynodd y gwladfawyr gefnu ar Ddyffryn Camwy nes cael eu perswadio gan yr arweinyddion i roi un prawf arall arno),

12 *Golfo Nuevo*, rhif 886, 20 Chwefror 1932.

13 Am drafodaeth lawn ar y ddadl, gweler y cyfraniadau a ganlyn yn *Cylchgrawn Hanes Cymru:* Fernando R. Coronato, 'The First Welsh Footstep in Patagonia', Cyf. 18:4 (Rhagfyr 1997), tud. 639-66; Elvey MacDonald, 'History, Memory and the Hollows of Punta Cuevas: A Rejoinder', Cyf. 22:2 (Rhagfyr 2004), tud. 333-57.

fel y gwelir yn 'Ein preswylfeydd', ysgrif a gyhoeddodd R. J. Berwyn yn *Y Brut* (1868) ac yna yn *Y Drafod* (12 Hydref 1893): 'Yn ystod y mudiad i Borth Madryn daeth o leiaf ddau o gynlluniau eraill i fri: nid amgen tai yn y ddaear, ac ogofeydd.' Mae'r frawddeg hon yn amlygu'r ffaith mai profiad newydd i'r gwladfawyr yn 1867 oedd byw mewn ogofâu.

Mae'n ddiddorol sylwi i rai o ddwylo a theithwyr y llong bleser *Wanderer*, a hwyliodd o'r hyn yw Puerto Pirámides heddiw hyd at Borth Madryn a Phenrhyn yr Ogofâu yn Rhagfyr 1883, ganfod nad oedd neb yn byw yno:

> *... we steamed across the Gulf to Porth Madryn on the opposite side, and fired a gun, on the remote possibility of its being heard by some member of the Welsh colony of Chupat, forty miles away to the South; but having concluded that this was unlikely, it was decided that a party of volunteers should start to walk on to the colony, pay it a visit, and see if horses could be sent back for the remainder of our party* [...] *we passed the afternoon in rambling about the shore and examining some curious cabins cut out of what can hardly be called rock, it is so easily worked, being more like a sort of soap-stone. These must have been made most likely by seal-hunters – one of them had a door, window, fire-place, and cupboard, and a bed place cut into the stone – and there were the names of many sailors and their ships.*[14]

Byddai tair blynedd arall yn mynd heibio cyn bod bodau dynol yn dewis byw – unwaith eto dros dro – ym Mhorth Madryn. Yn araf wedi hynny, byddai'r porthladd yn dechrau denu ei breswylwyr parhaol cyntaf.

14 C. & S. Lambert, *The Voyage of the Wanderer* (Macmillan, London, 1883).

Yr argraffiad hwn

Nodwyd eisoes mai prin oedd yr addysg ffurfiol a dderbyniodd Thomas Jones. Cofier hefyd, nad oedd orgraff y Gymraeg wedi ei safoni cyn i'r *Mimosa* adael Lerpwl. O ganlyniad, er ei fod yn siarad Cymraeg rhywiog – fel y tystiodd pawb oedd yn cofio amdano ac fel y dengys rhannau gorau'r llawysgrifau – roedd yn dilyn ei reolau sillafu ei hun, a doedd ei Gymraeg ysgrifenedig ddim cystal â'i iaith lafar. Gwelwyd eisoes fod o leiaf ddwy gynorthwywraig (Myfanwy ac Elin, a addysgwyd yn ysgolion Cymraeg y Wladfa) wedi bod yn gyfrifol am drawsgrifio'r testun ac, o bosibl, wedi ei gywiro yn ogystal. Wedi dweud hynny, teg yw tybio mai Llewelyn Williams, is-olygydd *Y Drafod* ar y pryd, fu'n gyfrifol am y golygu llym terfynol – gan gadw, o bosibl, at 'reolau answyddogol' orgraff y Gymraeg fel ag yr oeddent yn y Wladfa ar y pryd.

Felly, nid yw testun yr erthyglau yn *Y Drafod* yn 1926 yn seiliedig ar fersiwn ysgrifenedig gan Thomas Jones ei hunan. Yn hytrach, mae'n destun a grëwyd trwy waith arddywedyd a golygu. O'r herwydd, er hwylustod i ddarllenwyr heddiw, penderfynwyd diwygio'r sillafu, yr atalnodi a'r paragraffu. Ond er mwyn cadw blas y cyfnod o ran yr arddull, cadwyd ffurfiau mwy 'hynafol' ar eiriau heb eu diwygio os oeddynt yn cael eu nodi yn *Geiriadur Prifysgol Cymru* fel amrywiadau cyfochrog â ffurfiau mwy 'modern'. Er enghraifft, cadwyd ffurfiau megis 'ffrwythlawn', 'perigl' a 'dyfod'. Ond dylid nodi fod peth anghysondeb yn y testun yn *Y Drafod* yn achos ffurfiau o'r fath: er enghraifft, ceir 'myned' a 'Cadben' weithiau a 'mynd' a 'Capten' mewn mannau eraill. Yn gyffredinol cadwyd heb eu diwygio gystrawennau ac arferion gramadegol nad ydynt yn cael eu hystyried yn safonol heddiw, ond gwnaed ychydig o newidiadau i'r testun yma a thraw lle y teimlid (yn gam neu'n gymwys) fod diwygio neu gywiro yn angenrheidiol er eglurder, gan obeithio nad yw ymyrraeth o'r fath yn gwneud cam â'r ysgrifau nac yn amharu ar fwynhad y darllenwyr. Hefyd er eglurder, ychwanegwyd rhai geiriau yma a thraw nad oeddynt yn y testun gwreiddiol, gan eu rhoi mewn bachau petryal (sef [ ]).

Diwedd yr yrfa

Mae'n fwy na phosibl bod yna rywfaint o ystyfnigrwydd yn perthyn i Thomas Jones! Yn ddyn unplyg o safbwyntiau crefyddol a moesol cryfion, symudodd ei aelodaeth o Gapel Moriah i Gapel Tabernacl, Trelew, oherwydd ei amharodrwydd i dderbyn a chefnogi perthynas odinebus honedig ei weinidog gydag un o aelodau blaenllaw yr eglwys. Byddai i hynny ganlyniadau annisgwyl, fel y gwelir isod.

Fel y dywedwyd eisoes, treuliai Thomas Jones rai Suliau yn Nhrelew, yng nghartref Llewelyn ac Elin – yn enwedig wedi iddo symud ei aelodaeth i'r Tabernacl. Ar un o'r ymweliadau hyn, a hithau'n aeaf, aeth yr henwr i ymweld â chyfaill iddo, a phan ddychwelodd fin nos, cymerodd dro anghywir a chollodd ei ffordd yn nhywyllwch y strydoedd di-lampau. Bu ar goll tan y bore canlynol, pryd y daethpwyd o hyd iddo ar gyrion y paith yn ffwndrus ac yn dioddef o niwmonia. Ni ddaeth ato ei hun a bu farw yng nghartref Llewelyn ac Elin ddydd Gwener, 4 Mai 1934, yn 84 mlwydd oed.

Y diwrnod canlynol, daeth torf fawr ynghyd yng Nghapel y Tabernacl i ffarwelio ag ef a'i dywys i'w orffwysfa olaf ym mynwent Trelew. Ac yno, oherwydd ei safiad flynyddoedd ynghynt, ac nid gyda Sarah ei wraig ym Moriah, y daearwyd ei weddillion marwol. Y Parchedigion Tudur Evans ac Evan Robert Williams a wasanaethodd yn y Tabernacl ac yn ei angladd. Yr olaf o'r ddau a arweiniodd y 'Cwrdd Coffa' a gynhaliwyd er cof amdano yn y Tabernacl ar y 12fed o Orffennaf.

Yn rhyfedd iawn, does dim bedd iddo yn Nhrelew ychwaith, erbyn hyn. Rhywdro yn ystod degawd cyntaf y ganrif hon (does neb yn sicr pryd yn union, ar gais neu awdurdod pwy, nac am ba reswm), symudwyd ei weddillion at rai Eleanor (ei fam) a Lisa (ei chwaer), ond, er bod y ffaith wedi ei chofnodi yng nghofrestr y fynwent yn Nhrelew, does dim unrhyw arysgrif ar y beddfaen i nodi mai yn y bedd hwnnw y maent.

Ychydig yw'r ffeithiau gweladwy sy'n aros i nodi presenoldeb Thomas Jones yn Nyffryn Camwy. Dichon na fyddai yntau yn adnabod ei hen gartref petasai'n chwilio amdano heddiw. Chwalwyd y coed hardd a'r llwyni niferus a dyfai yno, er mwyn agor ffordd fawr i hwyluso trafnidiaeth y cerbydau sy'n rhuthro rhwng Rawson a Threlew, a llenwyd yr hen wely afon â cherrig a phridd. Medrir gwibio heibio i'r fferm heb sylwi arni. Newidiwyd ac addaswyd yr hen fwthyn clyd droeon oddi ar ei ddyddiau ef, ac yn ystod yr hanner can mlynedd diwethaf, rhannwyd y caeau yn nifer o unedau llai. Nid oes neb yn trin y rhan fwyaf o'r tir mwyach a dichon, wrth i'r dalaith dyfu, y gwna crafangau'r naill ddinas neu'r llall ymestyn drosto.

Yn ffodus, gellir darllen nifer o bytiau am gyfraniad Thomas Jones, Glan Camwy, i fywyd cyhoeddus ei fro ar dudalennau cyfrolau cyfoethog (ond astrus eu trefn) Matthew Henry Jones, *Trelew: Un Desafío Patagónico* ['Trelew: Her Batagonaidd'], ynghyd â chrynodeb o'i fywyd a'i waith yng nghyfrol V, tt. 7–8. Gwelir cyfeiriadau ato yn ogystal yn ystod ei oes ar dudalennau ôl-rifynnau niferus o *Y Drafod*, ynghyd ag yn yr erthyglau a gyhoeddwyd yn 1926 ac a ailgyhoeddir yn y gyfrol hon. Cyhoeddwyd hwy hefyd yn yr iaith Sbaeneg, gyda nodiadau, gan Dr. Fernando

R. Coronato, o dan y teitl *Historia de los Comienzos de la Colonia en la Patagonia* (Porth Madryn 1998). Fundación Ameghino yw'r cyhoeddwyr. Y cyntaf i awgrymu y dylid ailgyhoeddi'r ysgrifau oedd y diweddar Athro Gareth Alban Davies, ac fel y nodwyd eisoes, ei farn ef am y gyfres oedd: 'Dogfen ddiddorol tu hwnt.'

Ymhlith rhai o ddisgynyddion Thomas Jones, erys y cof llafar am werinwr gwlatgar a oedd, er prinder ei addysg ffurfiol, yn gynnes ei gariad at iaith a diwylliant gwlad ei febyd ac yn deyrngar i'r freuddwyd wladfaol Gymreig a Chymraeg. Cofir hefyd am ei hoffter o ganu alawon gwerin ac o ddarllen llyfrau Cymraeg, ac am ei nodwedd amlycaf un, sef ei grefydd syml a diwyro. Gobeithio y gall y gyfrol fechan ac annigonol hon gadw'r cof amdano'n fyw o leiaf am un genhedlaeth arall.

Cydnabyddiaeth

Lluniwyd y manylion bywgraffyddol uchod ar sail atgofion llafar ac ysgrifenedig fy mam, Sarah Jones de MacDonald; hefyd atgofion llafar Neved Jones, ei chwaer; yn ogystal â ffeithiau ychwanegol am gyfnod y teulu yn Nowlais ac Aberdâr a gofnodwyd gan Matthew Henry Jones yn *Trelew: Un Desafío Patagónico*, Cyfrolau I, tud. 124–66; IV, tud. 135–8; a V, tud. 7–8. Codwyd rhai dyddiadau genedigaethau, priodasau a marwolaethau o *Llyfr y Rhestrydd*, a gedwir yn Amgueddfa Wladfaol y Gaiman. Camwy MacDonald, sy'n dra chyfarwydd ag achres y teulu, a gasglodd yr wybodaeth am ddyddiadau geni, priodi a marw teulu Thomas Jones (yng Nghymru ac yn y Wladfa), yn ogystal â manylion am ei addysg gynradd.

Hanes Cychwyniad Y Wladfa ym Mhatagonia

gan Thomas Jones, Glan Camwy

Golygiad Elvey MacDonald o gyfres o erthyglau a gyhoeddwyd yn *Y Drafod,* 18 Mehefin–22 Hydref 1926

Pennod 1

(*Y Drafod*, 18 Mehefin 1926)

AR GAIS AMRYW gyfeillion, ceisiaf osod mewn trefn ychydig o hanes y symudiad gwladfaol, ynghyd â helyntion a threialon y fintai gyntaf.

Er bod llyfrau ac ysgrifau eisoes wedi ymddangos gan lenorion gwych ar yr anturiaeth bwysig hon, eto y mae i minnau le i'm hatgofion, ac o bosibl y gallaf, gyda phob dyledus barch, gywiro ambell gamosodiad o'r eiddynt (fel y cydnebydd rhai ohonynt wrthyf).

Y cwestiwn ofynnir yn fynych yw: paham y daethoch i Batagonia erioed i sefydlu gwladfa? Yn fyr, yr oedd y dirprwywyr fu'n ysbïo'r wlad wedi dychwelyd, ac yn areithio o fan i fan yng Nghymru, ac yn portreadu gerbron y cynulliadau, addasrwydd, ehangder, rhagoriaethau a ffrwythlondeb y wlad, nes creu ysbryd ymfudo yn y rhai mwyaf sefydlog a chefnog yng Nghymru, heb sôn am ddosbarth y gweithiwr cyffredin na feddai na thir na thwlc.[1]

Dywedent fod Dyffryn y Camwy'n ymestyn am tua tri

1 Lewis Jones a'r Capten Thomas Love Duncombe Jones-Parry (1832–91) oedd y 'dirprwywyr' y cyfeiria Thomas Jones, Glan Camwy, atynt yma, eithr nid oes cofnod bod yr ail wedi cymryd unrhyw ran yn yr ymgyrch i ddenu darpar ymfudwyr. Michael D. Jones (1822–98), Hugh Hughes ('Cadfan Gwynedd'; 1824–98), Lewis Jones (1837–1904) ac Edwyn (neu Edwin) Cynrig Roberts (1838–93) a enwir o hyd fel y pedwar prif ymgyrchydd, a dichon mai hwy oedd gan Thomas Jones mewn golwg yma wrth iddo sôn am yr 'areithio o fan i fan'.

chant (300) o filltiroedd (cywirach fyddai 60 milltir), a'r afon yn fordwyol am ddegau o filltiroedd (prin un filltir), a bod coedydd ffrwythlawn o afalau, aur afalau, *gooseberries, currants*, &c., yn doraeth ar hyd lan yr afon; ac ar adeg aeddfedrwydd, byddai'r ffrwythau'n cwympo i'r afon, ac yn cael eu cludo tua'r môr yn llwythi mor fawr nes cyffroi wyneb yr afon.[2] Hefyd, fod yno heidiau o wartheg a'u lloi wrth eu traed yn pori'n dawel neu'n gorwedd dan goedydd cysgodol i gnoi eu cil, fel pe'n aros am rywun i'w godro, heb ymwylltio na chynhyrfu dim pan welent ddynion; ac yn ychwanegol, bod gyrroedd o filoedd o ddefaid cochion yn y wlad hawdd eu dofi, a'u gwlân yn dra gwerthfawr.[3] Heblaw hynny, bod cytundeb wedi ei wneuthur gyda'r Llywodraeth Archentaidd i bob teulu o dri pherson gael meddiant o gan (100) erw o dir (50 *hectáreas*),[4] a

---

2 Gellir bod yn sicr nad cyfeirio at faint Dyffryn Camwy a wnaeth yr ymgyrchwyr (ac nad dyna a wnaeth Hughes Cadfan yn *Llawlyfr y Wladychfa Gymreig* yn 1862 ychwaith) ond at y wlad sy'n ymestyn o lannau'r Iwerydd hyd at fynyddoedd yr Andes, sef lled y diriogaeth a geisid. Os felly, nid oeddynt ymhell o'u lle. Mewn llythyr a gyhoeddwyd yn *Baner ac Amserau Cymru*, 18 Mai 1867, dywed Lewis Davies 'Fod yr Indiaid yn sôn am ryw ddosbarth ardderchog o'r wlad yn y gorllewin, yn meddu digon o goed mawrion, digon o ddwfr, digon o wlaw, ac yn llawn o wartheg gwylltion', sy'n cadarnhau geiriau Cadfan yn ei *Lawlyfr*. Roedd yr ardal honno yn rhan o fwriad gwreiddiol y trefnwyr. Cofier bod y cais cyntaf a wnaed i Lywodraeth Gweriniaeth yr Ariannin yn gofyn am gael meddiannu Patagonia gyfan, a honno oedd y wlad a ddisgrifid yn ystod yr ymgyrch.

3 Cyfeiriad at y gwanaco, anifail sy'n perthyn i deulu'r Llama (ynganer 'Liama'). Cyfeiriodd Love Jones-Parry atynt hefyd fel 'defaid gwylltion'. (Gweler *Llawlyfr y Wladychfa Gymreig* a hefyd Lewis Jones, *Hanes y Wladva Gymreig*, Caernarfon 1898, tud. 39). Roedd honiad yr ymgyrchwyr am eu nifer a gwerth eu gwlân yn ffeithiol gywir.

4 Bu llawer o drafod ynglŷn ag union fesuriadau'r tiroedd a ddarperid i bob uned deuluol ac aeth nifer mawr o flynyddoedd heibio cyn i'r Gwladfawyr gael meddiant ar weithredoedd eu ffermydd. Anghofiodd y tirfesurwyr Julio V. Díaz (1865) a Thomas Dodds (1875) ddarparu lle yn eu cynlluniau ar gyfer ffyrdd rhwng y ffermydd, gan achosi colledion i'r ffermwyr yn ogystal â llawer o ddadlau yn eu plith cyn i Edward Owen, J. Edward Williams a Llwyd ap Iwan gywiro'r sefyllfa tua throad y ganrif.

cheffylau ac offer at amaethu, gwartheg, defaid a moch, ynghyd â bwydydd ddigonedd hyd nes cael cynhaeaf, a bod marchnad hefyd yn gyfleus i bob cynhyrchion ond croesi rhyw gulfor bychan mewn bywydfad i dref o'r enw 'Del Carmen'.[5] Dywedent y gallai'r gwragedd fyned â chynhyrchion y llaethdy yno nawnddydd Gwener a dychwelyd ddydd Sadwrn gydag angenrheidiau byw i'w teuluoedd.[6] Yr oedd y gwragedd dan ddylanwad areithiau fel hyn yn codi megis ar flaenau eu traed, ac yn perswadio eu gwŷr i ymuno i ffurfio mintai, ac i hwylio gwerthu'r ychydig gelfi na byddai rhaid wrthynt (ac y mae dylanwad gwragedd yn fawr iawn). Wedi cael y gwŷr i gydsynio – 'Hwrê! "Awn a meddiannwn y wlad!"[7]'

Yr oedd y diweddar Edwin C. Roberts[8] yn un o'r rhai mwyaf ei ddylanwad yn ei areithiau. Yr oedd ei huawdledd fel dŵr, a chanodd un bardd iddo fel hyn:

---

5 Carmen de Patagones, neu Patagones ar lafar gwlad. Dyna dref fwyaf deheuol talaith Buenos Aires a'r Ariannin ar y pryd, sydd tua 335 milltir dros y tir o Ddyffryn Camwy a thua 300 milltir dros y môr. Gweler hefyd Pennod 7, nodyn 2.

6 Cymerai'r fordaith bryd hynny (un ffordd) o leiaf ddeuddydd i'w chwblhau ar dywydd braf.

7 Adlais o Numeri 13:30 yn y Beibl, lle mae Caleb yn annog yr Israeliaid i fynd i feddiannu Gwlad yr Addewid. Gweler hefyd Josua 1:11.

8 Manylir ar hanes bywyd a gwaith Edwyn (neu Edwin) Cynrig Roberts yn Elvey MacDonald, *Yr Hirdaith* (Llandysul 1999 a 2003). Sylwer bod Thomas Jones, fel sawl un arall, yn sillafu enw cyntaf yr arloeswr gydag 'i'. Dewisodd eraill ddefnyddio 'y', efallai oherwydd ei bod yn rhoi ffurf fwy Cymreig ar yr enw. Yn achos y 'Cynrig' yn ei enw, aeth Kendrick yn Cyndric, Cyndrig, Cynric ac, yn derfynol, yn Cynrig, sef yr enw Cymreig gwreiddiol a fu'n darddiad i'r cyfan (o Cynwrig, meddai'r Athro Gareth Alban Davies). Ychwanegwyd y 'Roberts' wedi i'w fam weddw ailbriodi. Diddorol yw sylwi bod cofnod ei fedydd yng nghapel Rhes-y-cae, Sir y Fflint, yn nodi ei enw fel Edwin Hughes Kendrick, mab John Kendrick a Mary Hughes (gwybodaeth gan Camwy MacDonald).

O! Edwin, O! Edwin, amdanat mae sôn
O waelod Sir Benfro i ben ucha' Sir Fôn;
Mae'th eiriau fel trydan, a'th araith fel tân,
Mae trais ac mae gormes yn crynu o'th flaen.

A chenid y llinellau hyn ar yr heolydd ar y dôn *Joanna*.[9]

9 Alaw Gymreig a gyhoeddwyd fel emyn-dôn yng Nghymru am y tro cyntaf yn 1839. Mae'n parhau yn boblogaidd heddiw. Fe'i cynhwyswyd yn *Caneuon Ffydd* (2001), rhif 440.

Pennod 2

(*Y Drafod*, 25 Mehefin 1926)

AR ÔL YR areithiau, yr oedd yr ysbryd ymfudo'n uchel iawn, fel erbyn dechrau Ebrill 1865, yr oedd oddeutu dau gant wedi rhoddi eu henwau i fyned allan gyda'r llong *Houlton Castle*,[1] ond gan na ddychwelodd y llong honno yn ei hamser o'i thaith, cytunwyd â chwmni llong arall, sef y *Mimosa*;[2] ond gan nad oedd hon eto amgen ysgerbwd, cymrwyd peth amser i'w gwneud yn gymwys i gludo ymfudwyr, ac yn y cyfamser ymddangosodd ysgrif yn y *Drych Americanaidd*, gan un alwai ei hun yn 'Garibaldi', er darbwyllo a digalonni'r fintai trwy roddi anair i'r wlad i wrthweithio dylanwad yr areithwyr (neu'n hytrach i ddweud mwy o'r gwir).[3] Darluniai ef hi fel gwlad ddiffrwyth, yn llawn o Indiaid peryglus, a bwytawyr dynion gwynion (canibaliaid), &c., fel erbyn tua chanol y mis, yr oedd amryw wedi digalonni a thynnu'n ôl, tra casglodd oddeutu cant a hanner ynghyd gyda'r penderfyniad o wynebu'r anturiaeth doed a ddelo;[4] ac erbyn y 25 o Fai

1 *Halton Castle* oedd enw'r llong.

2 Digwyddodd hyn wedi i nifer o'r darpar ymfudwyr gyrraedd Lerpwl.

3 Am ragor o fanylion am yr ymgyrch hon, gweler MacDonald, *Yr Hirdaith* (Llandysul 1999 a 2003), tud. 49–50.

4 Gorfu i'r Gymdeithas Wladychfaol hysbysebu o'r newydd am ymfudwyr eraill i lenwi'r bylchau. Cytuna'r haneswyr cyfoes fod nifer yr ymgyrchwyr ar ei uchaf yn 167 (yn cynnwys y tri oedd wedi rhagflaenu'r *Mimosa*).

yr oeddynt yn byrddio'r llong i hwylio cychwyn, yr hyn wnaethpwyd Mai 28.[5] Codwyd yr angor i ffarwelio â gwlad ein genedigaeth gan adael cyfeillion a perthynasau i wylo ac hiraethu ar ein holau. Tra yn y weithred hon, chwifiwyd y Ddraig Goch,[6] a lediwyd y penillion canlynol ar y bwrdd gan y diweddar H. H. Cadfan:[7]

Creawdwr daear lawr,
Llywiawdwr bydoedd mawr,
A'n cadarn Iôr;
Bydd Di yn nawdd o hyd,
Ac amddiffynfa glyd,
I Gymry dros y byd,
Ar dir a môr.

---

5 Gadawyd Doc Victoria 25 Mai ond gorfu i'r *Mimosa* oedi am dridiau ar y Ferswy am y rhesymau canlynol: a) Mynnodd y meddyg Thomas Greene gael cist yn cynnwys amrywiaeth o feddyginiaethau ar y bwrdd; a b) Ni chaniatawyd i'r llong adael y porthladd cyn i'r swyddogion gynnal archwiliad iechyd ar bob teithiwr. Gorfu i'r fintai guddio John Humphreys, oherwydd ei fod wedi ffoi o'r milisia, a William Davies, am ei fod yn sâl. Hwyliodd y *Mimosa* allan i'r môr mawr brynhawn Gwener, 28 Mai (*Y Drafod*, 1 Ebrill 1910, Dyddiadur Lewis Humphreys, gyda sylwadau gan R. J. Berwyn).

6 Cwestiwn a godir o bryd i'w gilydd yw pryd y dechreuodd yr arfer o ddefnyddio'r Ddraig Goch fel baner genedlaethol y Cymry. Ymddengys fod o leiaf aelodau gwlatgar y Mudiad Gwladychfaol yn yr 1860au yn gwybod amdani ac am ei harwyddocâd. 'Eithr lluman Gwleidyddiaeth Genedlaethol Gymreig oedd baner y *Ddraig Goch*', ebe Lewis Jones yn *Hanes y Wladva Gymreig* (tud. 34), ac eto, wrth ddisgrifio'r olygfa ar gei Victoria, ychwanegodd fod 'canoedd o bobl ar y lan i'w gweled yn cychwyn, baner y Ddraig Goch ysblenydd ar uchav yr hwylbren' (tud. 48); ac onid yw'r ansoddair yn arwydd o'r balchder yr oedd yn dal i'w deimlo wrth gofio'n ôl dros ddeng mlynedd ar hugain yn ddiweddarach am ddigwyddiad pwysig yn ei hanes, er na fu'n llygad-dyst ohono? Tybed hefyd a yw'r ffaith bod y Saeson ar y cei wedi cael eu cythruddo gan y weithred o'i chwifio ar brif hwylbren y *Mimosa* yn profi nad baner ddieithr nac anghyfarwydd mo'r *Ddraig Goch* yr amser hwnnw hyd yn oed yn Lloegr?

7 Hugh Hughes Cadfan, ysgrifennydd egnïol ac unllygeidiog y Gymdeithas Wladychfaol, a'i hysbrydolwr mawr, oedd arweinydd y fintai.

Ni gawsom wlad sydd well
Yn y Deheudir pell,
A Phatagonia yw;
Cawn yno fyw mewn hedd,
Heb ofni brad na chledd,
A Chymro ar y sedd –
Boed mawl i Dduw.

Yna tarawodd y fintai i'w chanu ar [alaw] '*God Save the Queen*',[8] tra'r llong yn troi i'w phwynt, a'r Saeson oedd ar y tir yn bloeddio am dynnu'r Ddraig Goch i lawr – ond ofer fu eu cais. Ymlaen yr elem gan gael ein tynnu gan y llusgfad. Codai'r gwynt a chynhyrfai'r môr yn enbyd, nes gorfu torri'r rhaff â bwyell er mwyn i'r llusgfad ddychwelyd.

Cynyddu wna'r gwynt a ffyrnigo wna'r tonnau, a'r llong yn awr yn hollol at drugaredd yr elfennau. Trowyd y llawenydd yn dristwch a'r canu'n wylofain, ond yr oedd ein Tad wrth y llyw (fel y profodd y daith).[9] Aeth yr ystorm mor erwin nes gorfod gorchymyn i bawb glirio o'r *deck* ac i waelod y llong, megis rhwng byw a marw lawer ohonynt, gan fel yr oedd 'Dafydd Jones' yn effeithio ar eu hiechyd,[10] a galwyd dwylaw y llong at eu gwaith. Yr oedd yn digwydd

8 Mae yna dri phennill i gyd. Nid yw Thomas Jones wedi cofnodi'r ail. Dywed R. J. Berwyn mai Edwyn Cynrig Roberts oedd awdur y geiriau gwladgarol (*Y Drafod*, 26 Hydref 1934). Pam eu gosod ar alaw *God Save the Queen*? Efallai am fod Edwyn Cynrig Roberts (neu'r Gymdeithas) yn credu mai haws fyddai defnyddio alaw gyfarwydd a oedd eisoes yn symbol cenedlaethol i'r genedl drws nesaf, a chyfnewid ei geiriau am rai addas i'r Cymry. Mae'n werth cofio hefyd mai yn ddiweddarach y cafodd 'Hen Wlad fy Nhadau' ei chydnabod yn anthem genedlaethol Cymru.

9 Adlais o Iago 4:9 yn y Beibl ('Troer eich chwerthin chwi yn alar, a'ch llawenydd yn dristwch') a hefyd o emyn Ieuan Glan Geirionydd, 'Ar fôr tymhestlog teithio rwyf i fyd sydd well i fyw', y mae pob pennill ohono'n gorffen â'r geiriau 'Fy Nhad sydd wrth y llyw.'

10 Cyfeiriad at *Davy Jones's Locker*, sef gwaelod y môr.

bod yn eu plith Wyddel, morwr am y tro cyntaf, ac yr oedd hwnnw'n ddigalon ddigon. Gorchmynnwyd iddo ddringo'r mast, er sicrhau'r hwyliau. Teimlai'n anfoddog iawn, ond ufuddhau fu raid, er iddo wylo fel plentyn; ac er ein dychrynu neu ein gwroli, nis gwn pa un, dywedai'r *Mate*, 'Byddwch yn uffern i gyd cyn pen pum munud!'[11] Teimlad llawer oedd mai gwell fyddai cael marw, a dyna deimlad y Gwyddel, gredaf fi. Dyn garw ei dafod oedd y *Mate*, ond o galon dda. Daeth y pum munud i ben, a llawer pump arall, a minnau yng ngwaelod y llong mewn lle digon annymunol, ond nid cyn boethed ag uffern chwaith!

Gostegodd y gwynt a phasiodd yr ystorm, a chafwyd gwaredigaeth er ein bod wedi ein gyrru filltiroedd lawer o lwybr cyffredin llongau, ac yn agosáu at draeth Amlwch.[12] Diolchodd y *Mate* yn gyhoeddus fel hyn: *'Thank God, we have had a narrow escape'*; a dywedai pawb 'Amen' yn ddistaw bach. Yna caed tro ar y llong, a gweithiodd ei ffordd yn araf, trwy dracio i'w llwybr drachefn yng ngolwg *Isle of Man*.[13]

Y trydydd dydd cawsom wynt teg, a daethom i olwg Madeira ac ymlaen heibio *Canary Island* a Tenerife, ac wrth nesáu at y llinell (y cyhydedd) cafwyd cryn hwyl drachefn. Deallem trwy ddwylaw y llong fod yn rhaid i bawb gael eu bedyddio! A mawr y disgwyl, dyfalu a'r syllu fu er gweled

11 Y mêt oedd John Downes, brodor o Ynys Manaw.

12 Gwyddai pawb am beryglon creigiau geirwon Ynys Môn, a gellir dychmygu'r braw a grëwyd wrth i'r *Mimosa* agosáu atynt. Cofiai'r fintai am hanes suddo'r *Royal Charte*r ddim ond chwe blynedd ynghynt.

13 Mynegodd un o haneswyr Chubut amheuaeth am gywirdeb y cyfeiriad hwn. Er bod Ynys Manaw i'r gogledd o Lerpwl a bod *y Mimosa* ar ei ffordd tua'r de, dengys y siartiau morwrol yn eglur fod y sianeli y mae'r llongau i'w dilyn er mwyn ymlwybro allan o'r Ferswy yn arwain tua'r gogledd, ac yn osgoi y dyfroedd bas ger Ynys Môn cyn troi am Fôr Iwerddon. Roedd Thomas Jones, felly, yn hollol gywir wrth ddisgrifio llwybr y llong.

y *line*, ond nis gwelwyd gan neb. Tebyg fod rhyw seremoni o'r fath yn cael ei gweinyddu ar ddwylaw newyddion ar longau. Yn awr aeth y morwyr at y gorchwyl o fedyddio'r Gwyddel er cael hwyl; a mawr y difyrrwch gafwyd. Yr oedd yn dianc fel dyn am ei hoedl, a phan ei daliwyd yr oedd yn crio ac yn strancio fel dyn gwyllt; ond trochfa gafodd er ei gynefino â'r môr.

Wedi croesi'r cyhydedd cododd dipyn o helynt, gan fod y Capten yn gorchymyn torri gwallt y merched (nid peth newydd yw'r *melena*, ferched bach).[14] Gwrthdystiodd a gwrthwynebodd un tad, sef Rhydderch Hughes, na châi neb gyffwrdd â'i ferch ef.[15] Ac er dangos ei awdurdod, aeth y Capten i ymofyn ei lawddryll. Ond ni ddychrynai hynny mo'r Cymro. Safodd Hughes o'i flaen ac heriodd ef ar dir rheswm, gan ei gymell i danio ato, ond trodd y Sais a'i awdurdod i ffwrdd ac aeth i'w gaban. (Yr oedd cydymdeimlad y dwylaw gyda'r Cymro.)[16]

14 *Melena*: steil gwallt byr sydd, o bryd i'w gilydd, yn boblogaidd ymhlith merched ifainc.

15 Rhydderch Huws, un o ffigurau amlycaf y fintai gyntaf. Etholwyd ef yn Llywydd y Wladfa yn 1867, i olynu William Davies.

16 I ddarllen y stori ddifyr am yr anghydfod rhwng y Capten George Pepperell a'r ymfudwyr yn llawn, gweler MacDonald, *Yr Hirdaith* (Llandysul 1999 a 2003), tud. 54–5. Fe'i codwyd o ysgrif hynod ddifyr o eiddo Cadfan, a gyhoeddwyd yn *Y Drafod*, 11 Tachwedd 1910–3 Mawrth 1911.

Pennod 3

(*Y Drafod*, 2 Gorffennaf 1926)

Y DYDDIAU HYNNY, yr oedd yr awelon yn dyner a'r môr yn gwenu, tra'r llong dan ei hwyliau'n araf ddifa'r pellter. Casglem at ein gilydd ar y bwrdd i wrando un o'r fintai, sef David Williams, yn darllen rhannau o lyfr Gwladfaol oedd yn ei feddiant.[1] Darluniai'r wlad yr oeddem yn tynnu tuag ati fel paradwys y byd. Darluniai hyd yn oed Borth Madryn â'i lechweddau wedi eu gorchuddio gan goedwigoedd o bob math, a ffrwythau o bob dosbarth, a bod afon fawr yn ymdywallt i'r môr yno, a'r dyffryn fel pe wedi ei ragdrefnu â chyflawnder o bopeth sydd angenrheidiol at gadw corff ac enaid wrth ei gilydd, ond yn unig wneuthur defnydd priodol ohonynt!! Yr oedd D. W. hefyd wedi aralleirio'r Deg Gorchymyn yn ddiddorol dros ben, sef yr hyn ofynnai'r Sais gan y Cymro ei wneuthur. (Drwg gennyf na bai ar fy nghof. Ceir gair am D. W. eto.) Cynhaliem ar y Sabothau ysgolion Sul, a chaem bregethau'n aml.

Wedi dod yn agos i'r Amazon, gorchmynnodd y Cadben

---

1 Cred rhai mai *Llawlyfr y Wladychfa* yw'r gyfrol dan sylw. Eithr yr oedd honno yn gyfarwydd iawn i'r ymfudwyr ac ni fyddai dim arbenigrwydd yn perthyn i gopi personol Dafydd Williams. Mae'n sicr, felly, taw cyfrol fechan o'i nodiadau yn ei lawysgrifen ei hun yw hon, yn cynnwys, efallai, ddyfyniadau o'r *Llawlyfr*. Roedd yn cynnwys hefyd fersiwn ddychanol o Weddi'r Arglwydd a oedd yn portreadu'r Sais fel gormeswr. Am y weddi ddychanol, gweler R. Bryn Williams, *Y Wladfa* (Caerdydd 1962), atodiad VI, tud. 308–9. Gweler hefyd Pennod 4, nodyn 2.

godi hwyliau dwbl, er cyflymu ychydig ar y llong, tra'r oedd y *Mate* yn ei gaban.[2] Ond yn union daeth [yntau] i'r *deck*, ac er ei syndod gwelai'r hwyliau dwbl i fyny ac arwyddion ystorm yn agosáu, a bu cryn helynt rhwng y ddau; ond y *Mate* a orfu, ac archodd dynnu'r hwyliau i lawr i gyd ond un, a'u diogelu.[3] Ac nid cynt nag oedd pethau wedi eu trefnu nad oedd yr ystorm yn ymarllwys ac yn ein haflonyddu, a gyrrwyd ni dan y *deck* ac o dan glefyd y môr unwaith eto. Chwythwyd y llong agos dri chant o filltiroedd o'i llwybr tua'r dwyrain.

Yr oedd un wraig yn bur ddychrynedig wedi'r storm gyntaf, a phan gyfodai'r gwynt fwy nag arferol, gofynnai i'r *Mate* a oedd perigl; ac yntau, wedi ei deall, a atebai'n gadarnhaol, ac mai diogelach iddi fyddai clirio i lawr, a hithau'n ufuddhau ac yntau'n cael hwyl! Pan yn yr ystorm hon, a hi'n un bur anllythrennog ac ofnus, erfyniai'n daer ar un o'i chyfeillesau weddïo, a hithau'n gwrthod ac yn cymell arni hi wneud. 'Na, na,' meddai, 'yr wyt ti'n ysgolheiges, yn gwybod sut i weddïo. Dydw i ddim. Gweddïa, gweddïa, cyn y bydd yn rhy ddiweddar arnom.'

Wedi dyddiau o deithio, un bore dyma wyliwr y llong yn gweiddi, 'Tir yn y golwg',[4] a phawb am y cyntaf yn llygadrythu tua'r cyfeiriad, a llawenydd yn llenwi pob mynwes. Ac wrth nesáu, deallwyd mai pwynt gogleddol y tir sy'n ffurfio genau Porth Madryn ydoedd, sef y *Valdez Creek*; a dyna syllu wrth ddod i mewn i'r porth a holi 'P'le mae'r coedwigoedd, D. W.?' O! dywedai yntau, mai'r

2 Ger Afon Arian (*Río de la Plata*) y digwyddodd hyn. Gweler Joseph Seth Jones, *Dyddiadur Mimosa* (Llanrwst 2002).

3 O ystyried y gwahaniaeth oedran a phrofiad, nid yw'n syndod bod Downes (39 mlwydd oed) wedi llwyddo i berswadio'r Capten (25 mlwydd oed) o ffolineb ei benderfyniad.

4 Aelod o'r fintai, William Jenkins, llanc 18 oed o Aberpennar, a wnaeth hynny yn ôl Hugh Hughes ('Cadfan Gwynedd') yn *Y Drafod*, 11 Tachwedd 1910–3 Mawrth 1911.

llanerchi duon oedd ar y llechweddau oeddynt. 'Maent yn fychan iawn', medd un arall. 'Y pellter sy'n achosi hynny', atebai yntau.

Yn awr wrth nesáu i'r angorfa, gwelem long yno.[5] Dealler fod Mri Lewis Jones ac Edwin C. Roberts wedi'n rhagflaenu mewn llong fechan o Patagones gydag ychydig ddarpariaeth ar ein cyfer, ac yn ein disgwyl gyda phedwar o weision, dynion y wlad hon,[6] at gymryd gofal o'r ychydig anifeiliaid oeddynt wedi dod ar fwrdd y llong. Ac ymhen tua awr, yr oedd cwch gyfochrog â'r *Mimosa*, a'r Br Lewis Jones a Chapten y llong ynddo.[7] Ac wedi iddynt fyrddio ac ysgwyd dwylaw a llongyfarch y fintai, rhoddwyd '*three cheers*' iddynt, nes oedd yr hen *Fimosa* yn crynu a'r creigiau'n diasbedain! Yna archodd H. H. Cadfan i'r fintai ymbaratoi i wrando anerchiad Mr Jones, ac wele ddyfyniad ohoni:

Gwelaf wrth restr enwau'r fintai eich bod yn dyfod o wahanol

---

5 Y *Juno*, a oedd yn barod i gychwyn tua Patagones gyda Lewis Jones ar ei bwrdd, i gasglu nwyddau ac adnoddau hanfodol. Huriodd Lewis Jones hi gyda chymorth ariannol Cwmni Thomas Duguid, Buenos Aires.

6 Mae nifer a chenedligrwydd y gweision wedi bod yn destun trafod. Yn ôl Lewis Jones, mewn llythyr dyddiedig 3 Mehefin 1865 (*Baner ac Amserau Cymru*, 16 Awst 1865), roedd ganddo '10 o bobl y wlad yn myned gyda ni i godi y tai'. Ychwanegodd fod '5 ereill o bobl y wlad, a 5 o Indiaid, yn myned ar draws y tir'; eithr lladdwyd y rheiny ar y ffordd gan rai o frodorion Río Negro. Dywed Edwyn Cynrig Roberts fod yno ddau Almaenwr hefyd, wedi eu hachub o longddrylliad, ac 'indiad dof Moro, dyn o Calcutta' a fedrai siarad wyth o ieithoedd. Adwaenid ef wrth yr enw Jerry, er mai Frank Ames oedd ei enw cywir yn ôl Dr David Williams, Trelew – ac mae Cofrestr Genedigaethau, Priodasau a Marwolaethau, a luniwyd gan R. J. Berwyn yn rhinwedd ei swydd fel Cofrestrydd y Wladfa, yn cofnodi bod gŵr o'r enw hwnnw wedi boddi yn Afon Camwy, fel y gwnaeth Jerry. Gweler Pennod 8, nodyn 7, a Phennod 11, nodyn 9.

7 Roedd pedwar o ddwylo'r *Mimosa*, ynghyd â Dr Thomas Greene a Watkin Wesley Williams, hefyd ar y cwch. (Joseph Seth Jones, *Dyddiadur Mimosa*, Llanrwst 2002, tud. 38).

siroedd Cymru, a bod yn eich plith grefftwyr o bob dosbarth, a chan fod y tymor yn rhedeg ymhell i allu paratoi tir a hau'n brydlon eleni, barnaf mai gwell fyddai ymgymeryd â gweithiau eraill a dybiaf dâl yn uniongyrchol, ac y bydd hynny'n help i bawb gael eu traed danynt i lafurio eu tyddynnod yn amserol y flwyddyn nesaf.[8]

Y mae ar du gogleddol Madryn (ochr y Valdés) farmor du sy'n werth pum punt y dunnell. Gall y creigwyr weithio yno a sefyll arian da. Hefyd, y mae yn y Valdés[9] amryw geffylau wedi eu gadael gan yr Ysbeiniaid,[10] a fydd dim wrth fodd y llanciau ieuainc yma'n fwy na myned yno i gasglu'r rhai hynny ynghyd a'u dwyn drosodd at wasanaeth y Gwladfawyr. Eto, y mae'n agos i enau'r afon 'gregin a *shingle*' gwerthfawr, tua dwy bunt y dunnell, [a] lle cyfleus i'r bobl mewn oed eu casglu a pharatoi llwyth llong ohonynt. Yn nes i'r de, y mae ynys yn llawn o *guano*,[11] lle gall y canol oed fyned am ychydig fisoedd i gasglu llwythi llongau. Y mae y *guano*'n werth pum punt y dunnell. A'r seiri ac eraill [i] adeiladu tai a gofalu am y teuluoedd, &c. Yna, ar ddiwedd y tymor, rhannu'r elw rhwng y sefydlwyr fel y byddont gryf i weithio eu tyddynnod.

---

8 Os yw cof Thomas Jones yn gywir, dylid casglu bod Lewis Jones wedi defnyddio'r araith hon i rybuddio'r fintai cyn iddi lanio bod rheidrwydd arnynt (oherwydd iddynt gyrraedd yn rhy hwyr i'r tymor hau) i ohirio eu trefniadau amaethyddol tan y tymor canlynol ac i ymgymryd â'r amrywiaeth o dasgau eraill a fedrai gynhyrchu incwm iddynt i'w cynnal tan y cynhaeaf cyntaf. Nid oes cofnod amlwg wedi goroesi i brofi bod hyn erioed wedi cael ei weithredu na bod yna neb abl ar gael yn y fintai i arwain yr amrywiol fentrau a awgrymodd – a hynny oherwydd prinder cyllid, offer ac adnoddau dynol. Gellir rhestru â bysedd un llaw yr ychydig gyfeiriadau sy'n dangos unrhyw ymgais at arallgyfeirio.

9 Gorynys Valdés, sy'n ffurfio ffin ogleddol y Bae Newydd (a ffin ddeheuol Bae Sant Joseff).

10 Staff *Fuerte San José*/Ffortres Sant Joseff (1779–1810), sefydliad milwrol Sbaenig yn wreiddiol. Fe'i dinistriwyd yn ystod cyrch gan un o ganghennau'r llwyth Tehuelche.

11 *Guano* (ynganer 'gwano'): carthion adar, a werthid fel cwrtaith am brisiau uchel ac elw da.

> Yn awr, yr wyf fi'n dychwelyd i Patagones, er ceisio rhagor o ddarpariaeth ar eich cyfer. Y mae eisoes ar y lan stôr fechan, pedwar ceffyl, dwy drol, gwartheg, defaid a thai!

'Hip, hip, hwrê!!' eto, a phawb yn barod i roi naid i'r lan pe gallent. Amlwg yw bod y blaenoriaid yn cael eu camarwain, ac yn naturiol ym mrwdaniaeth eu sêl yn barod i gredu popeth fyddai'n ffafriol i'r Wladfa.[12]

---

12 Er ei fod o'r farn i'r arweinyddion fod yn rhy barod i gredu'r gorau am Batagonia, yr argraff a geir yn y frawddeg hon yw nad yw Thomas Jones yn cyhuddo neb o dwyll.

Pennod 4

(*Y Drafod*, 9 Gorffennaf 1926)

WEDI'R ARAITH AR y bwrdd, glaniwyd hanner dwsin o'r gwŷr sengl brynhawn y seithfed ar hugain o Orffennaf 1865, ac yn eu plith D. Williams, yr hwn oedd benderfynol o ddod o hyd i'r dyffryn a'r afon yn gyntaf o bawb; ac wedi iddynt lanio, aethant am dro i ben yr ucheldir gan dybied y gwelent arwyddion o'r dyffryn.[1] A chan ei bod yn hwyrhau, penderfynasant droi'n ôl; ond, meddai D. W., yn ei awydd mawr, 'Af fi ymlaen i ben y gefnen acw eto, a byddaf yn ôl cyn gynted â chwithau.' Dychwelodd y pump eraill a hi'n nosi, a disgwyl fuwyd yn bryderus am D. W. hyd y bore, ond ofer; yna aethant allan i chwilio amdano, ond nis cafwyd ond yn unig ôl ei draed yn cyfeirio am y

1 Wedi bwrw angor brynhawn Iau, 27 Gorffennaf, anfonwyd cwch i'r lan, yn cludo pump o'r ymfudwyr: Hugh Hughes (Cadfan), Watkin Wesley Williams a'i frawd, Watkin William Pritchard Williams, William Williams a Lewis Davies. Yn ôl Thomas Jones, Abraham Matthews ac Edwyn Cynrig Roberts, ar y diwrnod hwnnw y glaniodd Dafydd Williams hefyd; ond ar y diwrnod canlynol (sef dydd Gŵyl y Glaniad), meddai eraill. Dyna'r diwrnod y glaniodd rhai parau priod, y dynion sengl a nifer o fechgyn ifainc (ond ar y 29ain yn ôl Richard Jones, Glyn Du, a Lewis Humphreys). Arhosodd y tri a dalodd am eu taith drwy weithio ar fwrdd y llong, sef R. J. Berwyn, Robert Nagle ac Amos Williams, ynghyd â gwraig yr olaf a nifer o famau a'u babanod a'r gwragedd beichiog, ar fwrdd y llong hyd nes y cwblheid y gwaith o adeiladu'r cabanau pren a fyddai'n lloches iddynt. Dydd Llun, 1 Awst, y disgynnodd y garfan olaf hon, ac ysgrifennodd R. J. Berwyn ddisgrifiad manwl a difyr o'r digwyddiad. Dywed iddo gario Elizabeth Adams, gwraig Maurice (Morris) Humphreys ar ei gefn o'r cwch i'r traeth (*Y Drafod*, 21 Chwefror 1913).

dyffryn. Ac ymhen tua phedair blynedd wrth deithio ôl a blaen i Madryn, cafwyd hyd i gorff o dan lwyn, oddeutu deng milltir o Rawson, ac i brofi pwy ydoedd, cafwyd darnau o'r Deg Gorchymyn a phapurau eraill yn ei ddillad, er eu bod mewn cyflwr dirywiedig iawn.[2] Casglwyd ei weddillion a chladdwyd hwynt yn hen fynwent Rawson. Cafodd y Wladfa golled o'i golli mor gynnar, oblegid yr oedd yn llenor da, yn fardd ac ysgolor gwych.[3]

Yr wythfed ar hugain, pan laniodd y rhai cyntaf o'r fintai, a'r bechgyn yn absennol yn chwilio am D. W., parodd hyn bryder nid bychan. Erbyn y prynhawn yr oedd pawb ar y lan, a'r naill yn holi'r llall ble roedd y stôr! Wedi gadael y llong a chael eu traed ar dir unwaith eto, a hwnnw'n dir Patagonia, teimlent awydd bwyd, a thybient pe caent hyd i'r stôr y caent gyflawnder o bopeth at dorri angen a newyn. Ond a'u helpo!! Pan ei cawsant, nid oedd amgen na thwll yn y *tosca* wedi ei doi â brwyn glan y môr a sach yn ddrws, ac oddi mewn bum sach o flawd, tair ham, ychydig siwgr, *currants, raisins* ac ymenyn, &c.; a beth oedd hynny rhwng

2 Gweler Pennod 3, nodyn 1. Hon oedd y gyfrol clawr coch a ganfuwyd gyda'i weddillion 30 mis yn ddiweddarach (R. J. Berwyn, *Y Drafod*, 19 Tachwedd 1926: Adroddiad y Trengholydd). Canfuwyd hefyd ei siswrn crydd, sydd i'w weld heddiw yn Amgueddfa Don Bosco, Eglwys Gatholig Rawson. Dyma enghraifft o fethiant rhai o'r ymfudwyr i ddygymod â nodweddion y tir newydd. Ni ragwelodd Dafydd Williams faint yr her a osododd iddo ei hun, ac yntau yn ŵr cloff, a'r peryglon a oedd yn ei wynebu ar y daith, ac ni feddyliodd yr un o'i gyfeillion y noson honno fod angen i bob un ohonynt gadw llygaid ar ei gilydd rhag iddynt ymwahanu yn y gwyll.

3 Creodd y diflaniad rywfaint o gynnwrf yng Nghymru. 'Dafydd Williams wedi dianc at yr Indiaid', meddai un adroddiad camarweiniol. Er nad oes lle i amau bod Dafydd Williams yn ddigrifwr a diddanwr medrus, nid oes prawf iddo fod yn llenor, bardd nac ysgolor (er mai dyna'r argraff a greodd ar y Thomas Jones 15 oed – neu tybed a yw Thomas Jones yn cymysgu'r diflaniad hwn ag un James Davies, a adwaenid hefyd fel 'Iago Dafydd' a 'Iago Mawrfryn', y bardd o Fryn-mawr a ddiflannodd ar y paith yn Chwefror 1868 ac nas canfuwyd ei weddillion fyth wedyn? Gweler Pennod 10.)

cynifer?[4] Y tai oedd ychydig blanciau wedi eu gosod ar eu pennau'n rhes am tua ugain llath a'r pen isaf yn y ddaear, tebyg i gychwyn *barraca*, ond nid oedd dim i'w wneuthur ond cysgu yn eu cysgod.[5]

Holid hefyd ble roedd y dŵr! A chyfeiriwyd gan y gweision oedd wedi rhagflaenu gyda L. Jones, 'Mae draw dros y bryn acw.' Yna aeth amryw o'r merched a'r gwragedd, y naill â'i phiser a'r llall â'i bwced, ac arall â'i buddai gnoc, &c., i gyrchu dŵr. Daeth yn nos a dyna helynt: y merched heb ddychwelyd a'r nos wedi eu dal yng nghanol yr anialwch dieithr, di-sathr, gwyllt a pheryglus; ac er tanio, bloeddio, chwilio a llefain hyd y bore, nis cafwyd hyd drannoeth gerllaw y llyn dŵr yn lluddedig ac oer.[6] Haws yw i'r darllenydd ddychmygu'r pryderon nag i mi allu eu disgrifio mewn geiriau.

Y seiri hwythau'n prysur gael y defnyddiau at wneuthur tai, oedd wedi eu hanfon o Lerpwl, a'u gosod wrth ei gilydd.[7]

---

4 Cedwid y rhan fwyaf o'r bwyd mewn storfa fechan. Dichon nad oedd lle yno i'r cyflenwad cyfan a bod y gweddill wedi ei storio yn y man yn y *tosca* a ddisgrifir gan Thomas Jones (disgrifiad a ategir gan sylw o eiddo Edwyn Cynrig Roberts a ddyfynnir gan John Coslett Thomas yn ei atgofion). Er nad oedd y cyflenwad i gyd wedi ei drosglwyddo i'r 'twll' hwn ac er ei fod yn annigonol, roedd llawer mwy o fwyd na hynny wedi cyrraedd y gwersyll. Dywed adroddiad arall fod yna storfa fwy, a dichon nad oedd y llanciau yn gwybod am honno ar y pryd.

5 Cofio am ei brofiad ei hun y mae Thomas Jones. Nid oedd digon o goed i roi to ar y *barraca* (cabanau), ond dyna'r unig le a gynigid fel lloches i'r bechgyn sengl. Gorfu iddynt aros yno nes i'r gwragedd a'r plant ddisgyn o'r *Mimosa*. Yna datgymalwyd y waliau pren, y gwelyau 'bync' a'r dodrefn a adeiladwyd yn Lerpwl, a defnyddiwyd y planciau i roi to ar y cabanau. Erbyn hynny, roedd y bechgyn ar eu ffordd i Ddyffryn Camwy.

6 'Y llyn': dŵr glaw a oedd wedi casglu mewn pant a elwid yn 'Fali Fawr' (gan Lewis Jones, fe ddichon, ac yntau yn frodor o Fôn). Yno, bellach, y mae canol tref Porth Madryn heddiw. Roedd cyrchu'r dŵr oddi yno i'r Penrhyn yn golygu taith gerdded o dair milltir bob ffordd. Roedd Eleanor Davies, mam Thomas Jones, Glan Camwy, yn un o'r gwragedd a fethodd ddychwelyd y noson honno.

7 Dylid trin tri chymal y paragraff hwn ar wahân i'w gilydd. Edrydd

Ond rheidrwydd roed ar y teulu mawr hwn i fyw mewn ystafell eang am ryw hyd,[8] ond ymhen amser gwnaed rhai bythynnod yn nhosga'r bryn i aros amser gwell.[9]

---

y frawddeg gyntaf am y gwaith o orffen adeiladu'r cabanau trwy ailgylchu'r coed a ddefnyddiwyd yn Lerpwl i addasu'r *Mimosa* (sef creu ystafelloedd, gwelyau, cadeiriau, cypyrddau ac ati).

8 Yr 'ystafell eang': ceir sawl cyfeiriad at yr adeilad hwn, sef stordy'r dodrefn a'r offer, mewn nifer o lythyrau. Oherwydd nad oedd y 'tai' yn barod, lletywyd y parau priod yn y sied bren hon.

9 Ar yr olwg gyntaf, mae'r cymal olaf fel petasai yn cadarnhau damcaniaeth leol sy'n honni mai yng ngheudyllau'r Penrhyn y llocheswyd y fintai wedi'r glanio. Ond mae gan R. J. Berwyn adroddiad manylach sy'n gosod y ceudyllau a'r tai coed mewn dau leoliad gwahanol. Wedi nodi bod yna faner 'yn chwifio ar ben y clogwyn sydd uwch yr ogofeydd', ychwanega'r canlynol: '...ac **yng nghesail ddwyrain y gilfach rhwng traeth y penllanw a'r bryniau tywod** yr oedd ystorfa yn llawn o nwyddau, **a rhes o dai coed bychain ar hanner eu codi**, a bu gweithio prysur i'w gorphen y dyddiau dilynol' (myfi biau'r llythrennau bras yn y dyfyniad). Mae nifer o lythyrwyr yn cyfeirio hefyd at gysgu mewn cabanau pren ger y traeth. O ganlyniad, gallwn fod yn siŵr nad yng ngheudyllau y Penrhyn, a agorwyd gan ddynion y fintai wedi'r glanio, y lleolwyd y tai coed. Dadleuodd Thomas Jones, Glan Camwy, hynny ei hun yn 1932 (gweler y cylchgrawn *Golfo Nuevo*, rhifynnau 886 ac 890, am ymddiheuriadau Orestes Trespailhié ac Ernesto Bagnati wedi i Thomas Jones gywiro sylwadau anghywir o'u heiddo). Er nad oedd digon o goed ar gael i doi y cabanau, yno y lletywyd y bechgyn ifainc, gan ryddhau'r storfa ('sied goed hir' ebe'r meddyg Thomas Greene) ar gyfer lletya parau priod. Dyma'r unig adeilad cymharol fawr a godwyd ymlaen llaw wrth baratoi'r gwersyll. Teg yw derbyn, felly, mai hon yw'r 'ystafell eang' y cyfeiria Thomas Jones, Glan Camwy, ati. Rhai dyddiau'n ddiweddarach, symudwyd y cargo iddi, meddai Joseph Seth Jones. O gofio bod toeau'r cabanau pren wedi eu cwblhau gan y seiri tua thridiau wedi'r glanio (sef ar y dydd Mawrth, gan mai annhebygol yw y byddai neb wedi gweithio ar y Sul), a bod y mwyafrif llethol o'r dynion wedi dechrau croesi'r paith tua'r afon o'r nos Fawrth (1 Awst) ymlaen, gan ryddhau ystafelloedd, diflannodd yr angen am greu rhagor o safleoedd cysgu, gan mai byr fu arhosiad y dynion ar y bae (er i nifer ddychwelyd yn ddiweddarach). Mae'n debygol bod 'ymhen amser' felly yn cyfeirio at gyfnod diweddarach, o bosib y cyfnod a dreuliodd y fintai ym Mhorth Madryn yng ngaeaf 1867, yn aros am long i'w cludo i Santa Fe. Rhaid derbyn, felly, mai blerwch yr awdur neu olygydd *Y Drafod* fu'r achos dros y neidio mewn amser. Y mae Berwyn (unwaith eto) yn taflu golau ychwanegol pan gyfeiria yn 'Ein preswylfeydd' (yn *Y Brut*, ac yna *Y Drafod*, 12 Hydref 1893) at 'arbrawf' a wnaeth rhai dynion yn 1867 wrth dyllu bythynnod yn y bryn *tosca* i gysgodi eu teuluoedd tra'n aros am y

Gorchwyl arall trist gafwyd oedd claddu dau blentyn fuont feirw ychydig cyn glanio, ac ymhen naw diwrnod bu farw Mrs Davies, mam Henry Davies, Llannerch Ddu (Canada yn awr).[10]

Yr ychydig stôr oedd i'w lanio oedd – bara caled, cig wedi ei halltu a'i sychu (*cherqui*), *porotos*, *fariña*, ac amryw fân bethau.[11]

Gan fod oddeutu tair milltir i gario dŵr, trefnodd y pwyllgor fod dwy farilaid y dydd i'w ymofyn at fwyd, a bod rhaid defnyddio dŵr y ffynnon oedd wedi ei hagor gan weision L. Jones, sef ffynnon dŵr hallt, fel ei gelwid, i'w helpu; ac i'r amcan gwnaed baril mewn ffordd i droi a'i thynnu wrth gengl ceffyl. Ond gan fod y pellter mor fawr a'r ffordd yn arw, byddai'r hoelion oedd ym mhennau'r

llong oedd i'w cludo i Buenos Aires. Dyna oedd yr 'amser gwell' yr edrychent ymlaen mor eiddgar ato: cael eu symud i dalaith arall yng ngogledd yr Ariannin. Mi fyddai'n gwbl amhosibl credu y gwnâi Thomas Jones, Glan Camwy, ddweud yn 1926 yr hyn y byddai yn ei wadu'n gadarn yn 1932 – yn enwedig o gofio bod y testun wedi achosi cymaint o ddiflastod iddo (rhagor am hyn ym Mhennod 13). Mae'r cymal 'ymhen amser' yn cadarnhau nad yr un yw'r ceudyllau neu ogofâu hyn â'r cabanau a adeiladodd Edwyn Cynrig Roberts a'r gweision cyflog *cyn* i'r fintai gyrraedd y bae. Gweler Pennod 13, nodyn 6.

10 Catherine Davies. Hi oedd yr oedolyn cyntaf i farw ar draethau'r Bae Newydd. Claddwyd hi yn y twyni tywod, y tu ôl i'r gwersyll, ond gyda threigl y blynyddoedd, gorchuddiwyd y safle, a ddewiswyd gan R. J. Berwyn a Joseph Seth Jones, a lle y gorweddai hefyd weddillion y plant a fu farw yn ystod yr arhosiad yno. Darganfuwyd ei gweddillion yn ddamweiniol, ac yn dilyn profion DNA a gynhaliwyd o dan arweiniad dyfal a manwl Dr Fernando R. Coronato i gadarnhau pwy ydoedd, daearwyd hwy yr eilwaith mewn bedd newydd ar safle mwy hygyrch, gerllaw'r ogofâu (oherwydd y gred mai yno roedd y llochesi). Yn dilyn marwolaeth ei fam, magwyd Henry Davies gan Eleanor Davies, Dyffryn Dreiniog (nid oeddynt yn perthyn trwy waed). Yn 1902, ymfudodd yntau i Ganada. Pan ymwelodd un o'i ddisgynyddion â Dyffryn Camwy yn ystod dathliadau'r Canmlwyddiant yn 1965, cofiai am ei daid yn adrodd yr hanes am groeso a charedigrwydd Eleanor Davies – sef mam Thomas Jones, Glan Camwy.

11 *Cherqui*: cig wedi ei dorri yn stribedi tenau, ei halltu, a'i roi i sychu yn yr haul i'w gadw rhag llygru. *Porotos*: ffa. *Fariña* (ynganer 'ffarinia'): casafa.

faril yn dod yn rhydd a'r dŵr yn colli, fel erbyn cyrraedd, ychydig iawn fyddai ei chynnwys.[12] Newidiwyd y cynllun. Gosodwyd y faril mewn trol (dealler fod dwy drol gydag olwynion uchel wedi dod gyda'r Br Lewis Jones),[13] ac un o'r ceffylau i'w thynnu. Aethai yr hen geffyl yn bur hwylus am y dŵr, ond wedi llenwi'r faril a chychwyn ei siwrnai'n ôl, aeth i deimlo bod y gorchwyl yn rhy galed gan omedd tynnu. Yna gollyngid peth o'r dŵr er ysgafnhau'r llwyth, ac felly bob yn dipyn nes cyrraedd y gwersyll trwy drafferth blin, a'r faril bron yn wag. Yn wyneb yr annibendod o allu cyflenwi digon o ddŵr, trefnwyd fod cario'r dillad budron at y dŵr a'u golchi yno'n fwy ymarferol.

Deallwyd hefyd fod esgeulustod o du'r bugeiliaid defaid, a phenderfynodd y pwyllgor mai gwell fyddai gwneuthur i ffwrdd â'r gweision hyn a gosod y ddiadell dan ofal un o'r fintai, a bod hwnnw i gael ei gynorthwyo pan fyddai angen, er cynilo cyflogau a sicrhau'r anifeiliaid; a daeth y gorchwyl blin hwn i ran yr ysgrifennydd.[14] Ac wrth eu trosglwyddo o'r naill fugail i'r llall yr oedd yn rhaid eu cyfrif, a chafwyd bod y mil brynwyd wedi dod i lawr i saith gant ymhen ychydig amser.

Yn y cyfamser yr oedd nifer yn gwneud ffordd tua'r dyffryn, clirio'r drain, &c. – gwneud *picada*,[15] fel y dywedir

---

12 Y ffynnon dŵr hallt oedd yr un a gloddiodd Edwyn Cynrig Roberts a'i weision – yn rhy agos i'r môr – cyn glaniad y *Mimosa* ar draeth Penrhyn yr Ogofâu.

13 Dywed traddodiad mai trol Cadfan oedd yr un gyntaf a ddefnyddiwyd yn y Wladfa. Mae sylw Thomas Jones, Glan Camwy, am y ddwy drol ym Madryn cyn dyfodiad y *Mimosa* yn profi na fedr hynny fod yn gywir. Ar y llaw arall, nid oes amheuaeth taw Cadfan oedd y Gwladfäwr cyntaf i adeiladu trol. Mae ei gweddillion i'w gweld hyd heddiw yn amgueddfa Urdd y Salesiaid yn Rawson.

14 'Yr ysgrifennydd': sef Thomas Jones, Glan Camwy, ei hun.

15 *Picada* (ynganer 'picadda'): gair a ddefnyddir ym Mhatagonia i gyfeirio at ffordd amrwd rhwng dau bwynt pell oddi wrth ei gilydd. Dechreuwyd y gwaith gan Edwyn Cynrig Roberts a'i weision ond ni chawsant amser i'w gwblhau.

– ac y mae rhai milltiroedd o'r ffordd honno'n aros ac yn dramwyol hyd heddiw; eraill yn aredig darn o dir i'w hau er praw; eraill yn gwneud gwrych o ddrain o'i gwmpas rhag i'r anifeiliaid ddifa'r egin. Y ddau ych gymerwyd at droi'r tir a brynwyd fel rhai cynefin â'r iau, ond wedi eu bachu, profasant yn anghyfarwydd â'r gwaith. Yna gosodid dyn ar geffyl i'w harwain, ond pan fyddai'r gŵr oedd wrth yr aradr yn eu pigo â'r swmbwl, elent â'r ceffyl lle y mynnent, a mawr drafferth fu i geisio dysgu'r ychain i'r gwaith. Gelwid hwy yn 'Brian' a 'Spidwal',[16] enwau difai pe sylweddolent hynny. Gydag aradr bren un fraich a swch haearn, anghelfydd iawn i'r pwrpas, y trinnid y tir, a methiant fu'r anturiaeth.

16 Mae 'Speedwell' yn un o'r enwau traddodiadol a roddid ar ych. Un o ystyron posibl yr enw 'Brian' yw 'cryf'.

Pennod 5

(*Y Drafod*, 16 Gorffennaf 1926)

YR ADEG YMA daeth y llong yn ôl o Patagones gyda llwyth o wahanol bethau. Yna aethpwyd ati i gychwyn am Chubut,[1] gan fod dau gwmni wedi cychwyn dros y camp[2] ac yn disgwyl bwyd i fyned ar eu holau. Yna gosodwyd yr ychain yn y drol, ac aethpwyd ati i'w llwytho; ac ar ôl ei llwytho ni symudent, gan eu bod mewn tywod, ac yno y buont am oriau yn eu chwipio a'u picianu nes yr oeddynt yn waed drostynt.[3]

Wel, doedd dim i'w wneuthur ond cario'r llwyth at y ffynnon dŵr hallt – y pethau trymion ar gefnau'r ceffylau, a'r dynion yn cario'r pethau ysgafn. Ar ôl gorffen cario am

1 Daw 'Chubut' o 'Chupat' (ynganer 'Tswpát'), sef enw'r brodorion Pampas a Tehuelche (ynganer 'Teweltse') ar yr afon a redai drwy'r dyffryn lle'r ymsefydlodd y fintai. Ei ystyr yw 'tryloyw'. Gweler Pennod 7, nodyn 3.

2 'Camp': addasiad y Gwladfawyr o'r gair Sbaeneg *campo*, sef 'cefn gwlad'. Defnyddir y gair hefyd i gyfeirio at fferm eang (megis y Saesneg *ranch*) lle megir defaid yn bennaf. 'Paith' (sef 'gwastadeddau eang o borfa ond dim coed', yn ôl *Geiriadur Cymraeg Gomer*) yw'r gair a ddefnyddiwyd gan haneswyr i ddisgrifio tirwedd Patagonia – er mai prin eithriadol yw porfa arno y tu allan i'r dyffrynnoedd. Cywirach yw defnyddio'r gair hwnnw i ddisgrifio'r *pampa/s* (sef yr hyn a elwir yn *prairie/s* yn Saesneg).

3 Dyma enghraifft gynnar o ddiffyg profiad ac anwybodaeth y sefydlwyr am natur y tir yr oeddynt am ei groesi. Roedd y syniad o lusgo trol lwythog neu wthio berfa lwythog ar draws y camp yn un cwbl anymarferol ac yn gamp y byddai'r Olympiad cryfaf yn annhebyg o fedru ei chyflawni! Annerbyniol yn ein dyddiau ni fyddai'r dioddefaint a achoswyd i'r ychen.

tua chwe chan mydr yn ôl at y ffynnon, y peth nesaf oedd nôl yr ychain a'r drol, gan fod daear galed wrth y ffynnon i gychwyn. Ar ôl llawer o drafferth cafwyd y drol a'r bwyd at y ffynnon, ac ar ôl eu llwytho aethant at odrau'r bryniau mawr, gan fethu mynd ymhellach, a gorfod cario'r cwbl yn ôl i'r stôr, yr un modd ag y cariwyd hwynt i fyny.

Tynnwyd y ferfa olwyn, rhawiau, ceibiau a'r moldiau priddfeini, i gael cychwyn trannoeth i'r daith, a daeth y nos a da oedd gan bawb gael gorffwys ar ôl llafur caled. Bore trannoeth aeth cwmni Daniel Evans[4] i gychwyn gyda'r ferfa olwyn, ac ar ôl gosod y rhawiau a'r ceibiau, a'r moldiau priddfeini, a mân bethau eraill ynddi, methiant fu hyn hefyd. Yna nid oedd dim i'w wneuthur ond i bob un gario'r hyn a feddai ar ei gefn, sef bwyd a'r dillad campio, a'r pethau trymaf ar gefn ceffyl.

Yr oedd un ceffyl at wasanaeth pob cwmni oedd yn mynd dros y paith. Gan nad oedd yma ond chwech ceffyl ar y pryd, yna trefnwyd i lwytho'r bywydfad gyda bwyd ac arfau fethwyd myned [â hwy] dros y paith, a gwnaed pob brys i gychwyn. Yr oedd y cwch yn abl i gario deg tunnell. Dyma'r cwch oedd wedi ei ddarparu i gario cynnyrch y llaethdy i Patagones neu'r Carmen. Ar ôl iddo hwylio allan o Porth Madryn, aeth mor belled â'r lle a elwir Pant y Llewod.[5]

Gorfod iddynt dynnu am y lan yno, gan fod y cwch yn gollwng dŵr. Ar ôl dadlwytho a diogelu'r cwch, daethant

4 Daniel Evans: brodor o Bont-henri, Sir Gaerfyrddin, a oedd wedi symud i'r Cymoedd i weithio mewn pwll glo. Priododd â Mary, un o ferched John a Betsan Jones, Aberpennar. Roeddynt yn rhieni i Elisabeth (5 oed) ac i John Daniel (3 oed). Cofir am John Daniel Evans fel y *baqueano* chwedlonol a ddaeth, wedi hynny, yn ddyn busnes tra llwyddiannus – *entrepreneur* cynta'r Andes.

5 O'r dechrau un, rhoddodd y Gwladfawyr enwau ar amrywiol lefydd lle y daethant ar draws golygfa neu oherwydd digwyddiad arbennig, megis Y Fali Fawr ac Afon Camwy (Lewis Jones); Caer Antur a Bryniau Meri (Edwyn Cynrig Roberts).

yn ôl i Madryn i gael pethau pwrpasol i'w drwsio. Cymrodd dri diwrnod i gyrraedd Madryn yn flin a sychedig ar ôl y daith. Wedi aros ym Madryn am ddau ddiwrnod, aethant yn eu holau, ac wedi calcio'r cwch a'i lwytho, hwyliasant am yr afon. Cyraeddasant yr hen amddiffynfa'n ddiogel, a hynny ymhen pythefnos ar ôl gadael Madryn. Ond nid oedd yno ond ychydig o bobl, a'r rhai hynny ar newynu. Llwynog yn unig oedd ganddynt i'w fwyta pan ddaeth y dynion a'r cwch atynt. Y dynion oedd yn gweithio'r cwch oeddynt Cadben Neagle,[6] Amos Williams,[7] John Humphreys[8] a David Jones.[9]

Yr oedd y dynion wedi cychwyn yn ôl am Madryn yn fân gwmnïoedd, heb ddim ganddynt i'w fwyta, ac ychydig lestri oedd ganddynt i gario dŵr. Yr oeddynt wedi colli llawer o bethau ar y daith tua'r dyffryn, ac agos golli eu bywydau lawer ohonynt. Yr oedd un cwmni wedi rhoi ei hun i lawr i farw, ac yr oeddynt yn cymell y naill a'r

---

6 Robert Nagle. Dyma'r sillafiad a welir amlaf yn y llythyrau a gyhoeddwyd yn *Baner ac Amserau Cymru* (gan gynnwys un oddi wrth frawd iddo) – a cheir 'Neagle' yn eithriadol iawn gan ysgrifenwyr eraill. Morwr di-Gymraeg ydoedd a benderfynodd ymuno â'r fintai yn Lerpwl. Bu farw o ganlyniad i longddrylliad y *Denby*.

7 Amos Williams. Talodd am ei docynnau ef a'i deulu drwy weithio fel cogydd i'r fintai ar fordaith y *Mimosa*.

8 John Humphreys, un o dri brawd a ymfudodd o'r Ganllwyd, Sir Feirionnydd. Maurice (saer coed) a Lewis (gweinidog yr Efengyl ac athro cynta'r Wladfa) oedd y ddau arall. Pan ddaeth swyddogion Porthladd Lerpwl i archwilio'r *Mimosa* ddydd Sadwrn, 27 Mai, i sicrhau bod pob aelod o'r fintai yn ddigon iach i wynebu'r fordaith hir, bu'n rhaid cuddio John rhagddynt oherwydd ei fod wedi dianc o'r milisia. Cuddiwyd William Davies hefyd, oherwydd nad oedd wedi llwyr wella o'r 'dwymyn', meddai Lewis Humphreys yn ei ddyddiadur (*Y Drafod*, 1 Ebrill 1910).

9 David Jones. Roedd yn byw yn Lerpwl ac yn 18 oed pan ymunodd â mintai'r *Mimosa*. Bu'n un o ddwylo'r *Denby*. Efallai mai'r rheswm nad oedd ei weddillion ymhlith y rhai a ddarganfuwyd wedi llongddrylliad y llong honno oedd iddo ymuno â'r fintai fechan a ymfudodd i Santa Fe. Gweler Pennod 16, nodyn 9.

llall i weddïo.[10] Yr oedd un ohonynt yn bur anystyriol, a hwnnw oedd yn cymell fwyaf, ac fe aeth un i weddi, a phan gododd yr oedd barcut yn hedeg uwch eu pen, a bu i un ohonynt ei saethu,[11] ac yr oeddynt am y cyntaf yn ceisio cael peth o'i waed i leddfu eu syched. Pan daniwyd yr ergyd at y barcut, clywsant ergyd o gyfeiriad arall a thaniasant eilwaith a chawsant atebiad. Daethant ar draws dau ddyn wedi eu hanfon o Madryn gyda bwyd a dŵr.[12] Cawsant ychydig bach o fara ac ychydig ddŵr ganddynt, a chawsant gyfeiriad cywir am Madryn, ac yna aeth y ddau ddyn i edrych am eraill oedd ar eu taith yn ôl. Yr oedd y rheiny wedi ymadael y naill oddi wrth y llall, ac yr oedd un o'r enw Joseph Seth Jones yn crwydro ôl a blaen. Gwelai o'i flaen dŵr uchel, dringodd i'w ben, a beth a ganfu yno ond barcut newydd farw. Bwytaodd ran ohono a chadwodd y gweddill i'w fwyta nôl llaw, ac aeth yn ei flaen a chafodd olwg ar y môr, a chyrhaeddodd ben ei daith. 'Fuaswn i byth wedi cyrraedd yma oni bai i mi gael y barcut hwnnw', meddai, a galwyd y tŵr ar ôl hynny'n Tŵr Joseph.[13]

10 Mae adroddiad Richard Jones, Glyn Du, mab i John Jones Aberpennar, am y digwyddiad hwn yn fwy cynhwysfawr ac yn mynegi beirniadaeth lem ar y rheiny o'i gymdeithion na wnaethant gydnabod rhan ganolog y weddi yn y digwyddiad. Cyfaill mynwesol i Thomas Jones, Glan Camwy, oedd Richard Jones, a rhannodd y ddau sawl antur gyda'i gilydd.

11 William Jenkins, llencyn 18 oed o Aberpennar, a gefnodd ar y Wladfa pan ymadawodd Lewis Jones ddechrau Tachwedd 1865.

12 Tri, mewn gwirionedd, sef Thomas Ellis, R. J. Berwyn a Maurice Humphreys.

13 Joseph Seth Jones, cyn aelod o staff Gwasg Gee, Dinbych; awdur dyddiadur a gyhoeddwyd ar y cyd gan Lyfrgell Genedlaethol Cymru a Gwasg Carreg Gwalch yn 2002 dan y teitl *Dyddiadur Mimosa* – cyhoeddiad sydd hefyd yn cynnwys cyfieithiad Sbaeneg o'r dyddiadur.

Pennod 6

(*Y Drafod*, 23 Gorffennaf 1926)

GYDA'R UN LLONG daeth pymtheg o wartheg a thua hanner dwsin o foch, ac i lanio'r gwartheg yr oedd yn rhaid eu nofio, a gwnaent hynny fel pe'n falch o gael eu traed ar dir. Ac yr oedd y gwragedd oedd wedi arfer gyda'r cyfryw anifeiliaid yng Nghymru'n llawenhau'n fawr o gael eu croesawu i'r lan, ac aeth un ohonynt â llestr yn ei llaw gan dybied y caffai odro un ohonynt, a chael gwledd o gynnwys ei phwrs.[1] Ond gan nad oeddynt cyn ddofed â'r cyffredin o wartheg Cymru, cymrodd un ohonynt at ruthro'r wraig, ac yn anffodus gorfu iddi daflu'r llestr at ei phen er arbed ei hun. Yna trodd y fuwch i ffwrdd a chymrodd i ruthro un o'r dynion, sef John Jones, tad y diweddar Richard Jones, Glyn Du, a thaflodd ef i'r llawr.[2] Ceisiai'r hen ŵr gael gafael yn ei ffroen a'i chorn, a phe câi hynny, ef fyddai'r meistr, ond methodd yn ei ymgais. Ond rhywsut cafodd afael yn ei chynffon a chafodd ei draed odano. Yna, pan geisiai'r fuwch droi'n ôl i'w gornio, rhoddai yntau blwc i'w phart ôl

1 Eleanor Davies, Dyffryn Dreiniog – ail wraig Thomas Davies a mam Thomas Jones, Glan Camwy, ei frodyr Evan a David a'i chwaer Lisa. Sillefir ei henw cyntaf yn Elinor mewn ambell ddogfen.

2 John Jones, Aberpennar (Coed Newydd, yn y Wladfa), gŵr Elizabeth (Betsan) Jones. Roedd y ddau yn rhieni i John (Glyn Coch – Ceg yr Hirdaith wedyn – gŵr Mary Morgan); Mary (gwraig Daniel Evans, a'r ddau yn rhieni i John Daniel Evans ac Elizabeth Evans); Ann (gwraig Edwyn Cynrig Roberts wedi hynny); Richard (gŵr Hannah Davies wedi hynny); a Marged (trydedd wraig Aaron Jenkins).

nes byddai agos ar lawr, a bu cryn ymdrechfa rhyngddynt, a'r hen wraig yn gweiddi, 'John annwyl, fe gaiff ei ladd, fe gaiff ei ladd', a'r hen ŵr yn ateb oddi wrth gynffon y fuwch, 'Tewch a sôn, Betsan, tewch a sôn.' Pan ddeallodd yr hen fuwch fod ei chynffon yn foddion hylaw yn llaw ei gwrthwynebydd, cymrodd i ddianc. Erbyn hyn roedd blaen y gynffon wedi tynhau am law John Jones, a phan aeth y fuwch i redeg yn gyflymach nas gallai ef ei dilyn, aeth i geisio ymryddhau, ond nis gallai. Yna cwympodd drachefn a chafodd ei lusgo am gryn dipyn i fyny'r bonciau tywodlyd. Ac fel bu'r lwc daeth darn isaf o'r gynffon i ffwrdd yn ei law, a ffarweliodd y fuwch â J. J., ac yn falch o gael ei wared, er bod darn o'i chynffon yn eisiau, a'r hen ŵr cyn falched â hynny o gael ymadael â hithau. A daeth yn ôl yn dalog â darn o'i chynffon yn ei law, gan ymffrostio ei fod wedi llorio aml anifail trymach na honno, ac y buasai hithau wedi ei llorio pe bai wedi cael gafael yn ei ffroen (heb ddim niwed – lwc mai tywod oedd y traeth). Ymhen dwy flynedd cafwyd hi, gyda dwy fuwch eraill yn ei dilyn, yn un o hafnau'r bryniau wrth gefn llyn halen mawr, ac adnabyddid y pant hwnnw fel Pant y Gwartheg hyd y dydd heddiw. Yr oedd y moch wedi eu rhoddi dan ofal Mrs Davies, Dyffryn Dreiniog wedi hynny.

Cyrhaeddodd gweddill y cwmnïau fu yn y dyffryn i Madryn, er bod rhai ohonynt yn lluddedig a llesg iawn, ac wedi gorfod gadael eu paciau a'u harfau tân yma a thraw ar y peithdir er ysgafnhau eu beichiau, ac ni welwyd mwy ohonynt. Cafodd yr ymwelwyr cyntaf â'r dyffryn golledion trymion, a dioddefaint arswydus. Wedi hyn cyrhaeddodd un o'r rhai oedd wedi aros, sef John Davies, ar geffyl â'r newydd bod y bywydfad wedi cyrraedd yn ddiogel. Gan fod y dŵr yn prinhau ym Madryn, a gweithiau oedd wedi eu dechrau, sef tai, corlannau, &c., gan y rhai oedd wedi aros i ddisgwyl y bad ac eisiau eu gorffen, hwyliwyd cychwyn o Madryn drachefn, a chymrodd deuddeg i'r anturiaeth a cheffyl i gario eu clud, a John Davies yn arweinydd.[3] Pan oeddynt tua hanner y ffordd, cyfarfyddasant â Morris Humphreys ac R. J. Berwyn yn dychwelyd o fod yn chwilio am rai o'r cwmnïau dybid oedd ar goll,[4] a chariwyd y newydd ganddynt i M. Humphreys fod merch wedi ei geni iddo, a chan eu bod ar ucheldir, galwyd y lle ar enw'r ferch, sef Mary, yn Fryniau Mary, a chydnabyddir ef felly yn iaith y wlad (Loma Maria).[5]

Y dyddiau hyn yr oedd y *Mimosa*'n troi'n ôl, ac yr oedd teimladau rhyfedd yn ein meddiannu, pan yn cael ein gadael fel pererinion ar gwr anialwch mawr Patagonia, heb wybod fawr beth oedd o'n blaenau.[6]

Trefnwyd bod yr anifeiliaid – ceffylau a gwartheg – i ddod drosodd, y rhai oedd oddeutu pump ar hugain mewn nifer. Y defaid hefyd dan ofal tri o ddynion, sef John Hughes, William Richard a'r ysgrifennydd, a dau geffyl at ein gwasanaeth.[7] Wedi cyrraedd Bryniau Mary a rhoi lawr i aros y nos, tra'r oedd yr ysgrifennydd yn amgylchu'r defaid, a'r ddau eraill yn trefnu'r campin[8] a chynnau tân, a chan

3 Mae'n debyg ei fod yn perthyn i Thomas Davies – brawd iddo efallai.

4 Roedd yna drydydd aelod yn y fintai hon, sef Thomas Ellis, Trysorydd y Wladfa.

5 Bryniau Meri: *Lomas de María* yw'r cyfieithiad Sbaeneg cywir, er mai'r ffurf unigol *Loma María* yw'r un a gydnabyddir heddiw. Gwelir y bryniau ar ffin ddeheuol y bryniau isel sy'n ffurfio ffin ddeheuol y gwastadedd a elwir yn *Bajo Simpson*, ar y ffordd o Borth Madryn i Drelew (ynganer y 'j' fel yr 'ch' Gymraeg).

6 Roedd y cytundeb rhwng perchnogion y llong a Michael D. Jones ar ran Pwyllgor Lerpwl yn nodi ei bod hi i aros yn y Bae Newydd nes i'r ymfudwyr i gyd symud at yr afon. 'Bydd y llong yn aros yn y Bau am fis, os bydd galwad, er mwyn rhoddi digon o amser i bawb gludo eu heiddo i ben y daith', meddai Dafydd Lloyd Jones (*Baner ac Amserau Cymru*, 5 Ebrill 1865). Gwyddom iddi oedi yno o leiaf hyd at 7 Medi.

7 Thomas Jones, Glan Camwy, awdur yr ysgrifau yw 'yr ysgrifennydd'.

8 'Campin': *camping*.

fod *matches* yn brin a'r tân yn gyndyn i gynnau, tywalltodd J. Hughes beth o'r powdwr trwy enau y fflasg ar yr ychydig dân er ei fywiogi; ac yn y weithred cymrodd y fflasg dân a chwythwyd hi yn erbyn llaw W. Richard, a holltwyd hi nes oedd ei waed yn cochi'r llawr. Rhoddwyd plaster o dybaco arni a rhwymwyd hi i fyny, a chychwynnodd yr ysgrifennydd ac yntau ar eu taith tua'r dyffryn ar eu traed, gan adael y defaid a'r ddau geffyl i ofal J. Hughes.

Wedi teithio rhai oriau dodasom i lawr hyd y bore. Pan ddeffroesom yr oedd yr haul wedi codi a'r clwyfedig fel dyn marw, a'i waed wedi gwlychu ei obennydd a'r bwyd oedd gennym, fel na allai gymryd dim ohono. Aeth yn wan a digalon droeon, ond trwy gymell teithiasom bob yn dipyn nes cyrraedd yr afon wrth Tair Helygen, ac wedi cael dracht o'r hen Gamwy a seibiant, teimlai'n well.[9] Yn ddamweiniol, cyfarfûm â dau eraill, a chawsom ein cyfeirio at yr hen amddiffynfa. Dywedent mai prin iawn oedd bywoliaeth yno. Cyraeddasom cyn machlud haul, ac ychydig o reis wedi ei ferwi mewn dŵr oedd yn ein disgwyl, a da oedd cael hynny a chael cyrraedd pen y daith a gorffwys!

Bore trannoeth pwy welem yn dod ond J. Hughes, ei geffyl wedi torri'n rhydd, ac yntau wedi ei ddilyn bob cam, gan adael y ceffyl arall yn rhwym a'r defaid i ofal rhagluniaeth. Ond yn ffodus yr oedd dau ddyn, pump o ferched a dau blentyn wedi dod ar drac y defaid ac wedi eu goddiweddyd yn y man y'u gadawyd hwy, a'r ceffyl yn rhwym, a chymerasant hwy i'w canlyn. Yr oedd y moch

9 Tair Helygen. Er iddynt deithio i'r un cyfeiriad cyffredinol ar draws ehangder y paith, dilynodd amrywiol garfannau eu trywydd eu hunain mewn mannau. Pan gyrhaeddodd mintai John Jones at ben y bryniau sy'n edrych i lawr ar y dyffryn, anelsant at dair helygen a dyfai nid nepell o'r afon cyn troi at Gaer Antur (sef Rawson heddiw). O hynny ymlaen, gelwid y rhan o'r ffordd a arweiniai o ben y bryniau at Dair Helygen yn 'Ffordd John Jones'. Flynyddoedd yn ddiweddarach, adeiladwyd capel ar y safle hwn, gan rai o ymfudwyr yr 1870au.

hefyd yn dilyn y gwragedd hyn. Enwau'r cwmni hwn oedd John Jones (dyn y fuwch) a Mrs Jones; Daniel Evans, Mrs Evans a dau o blant (sef Mrs Robert Williams, Treorci, a John D. Evans, Cwm Hyfryd); Mrs Thomas (mam y diweddar Lloyd Thomas, Rawson); Mrs Davies, Dyffryn Dreiniog; ac Ann Jones, sef gwraig y diweddar E. C. Roberts wedi hyn.[10] Yr oedd gweddill y gwragedd a'r plant i gael eu symud ar fwrdd y llong *Mary Ellen* i enau'r afon. Ceir eu hanes ymhellach.[11]

10 Gweler nodyn 2 yn y bennod hon. Yr enwau ychwanegol: Elizabeth (5 oed) a John Daniel (3 oed) oedd dau blentyn Daniel Evans a'i wraig Mary; John E. Davies a'i wraig Cecilia (boddodd ef yn Afon Camwy, 25 Hydref 1865, ac ailbriododd hi â Thomas Thomas, Aberpennar gynt, 19 Mawrth 1866).

11 Gweler Pennod 7, nodyn 1.

Pennod 7

(*Y Drafod*, 30 Gorffennaf 1926)

PAN OEDD Y cwmni diweddaf yn ymadael o Madryn, sef y rhai ddaeth â'r moch a'r defaid, dywedent fod y llong *Mary Ellen*,[1] a ddaeth â cheffylau o Patagones,[2] yn barod i gychwyn bore trannoeth am Chubut[3] gan nad oedd bwyd yno, ond ychydig wenith ddanfonwyd yn y bywydfad.

Wele ni'n awr yn deulu mawr yn byw mewn pump o dai, *Palo Pique* fel eu gelwid,[4] yn disgwyl yn bryderus am y llong a'r gwragedd a'r plant, a'r bwyd. Gan fod y defaid yno, gorchymynnodd y Cyngor i ladd un ddafad bob dydd a dim rhagor. Yr oedd un pwys o gig ar gyfer pob pedwar. Yr

1 Llong oedd y *Mary Helen* a logwyd gan Lewis Jones i gludo nwyddau. John Woods, brodor o'r Taleithiau Unedig, oedd ei chapten. Er nad oedd wedi ei haddasu ar gyfer cludo teithwyr, ar ei bwrdd hi hefyd y cludwyd y gwragedd a'r plant o'r bae i'r afon – fel y dywed Thomas Jones ar ddiwedd y bennod flaenorol.

2 Carmen de Patagones (ond Patagones ar lafar gwlad): canolfan boblog fwyaf deheuol talaith Buenos Aires (a'r Ariannin ar y pryd) hyd at sefydlu'r Wladfa. Roedd yno hefyd ganolfan filwrol gref er mwyn amddiffyn y trigolion lleol, ynghyd â ffermydd mawr yr ardal (yr *estancias*), rhag cyrchoedd gwaedlyd cyson y brodorion Mapuche a ruthrai'n rheolaidd o'r hyn yw talaith Neuquén (ynganer 'Newcén') heddiw.

3 Chubut (ynganer 'Tsiwbẃt'). Ar y pryd, dim ond Afon Camwy oedd yn cario'r enw, eithr gydag amser daeth yn enw ar y dalaith lle'r oedd (ac y mae gweddillion) gwladfeydd Dyffryn Camwy, Cwm Hyfryd a Sarmiento. Gweler Pennod 5, nodyn 1.

4 *Palo Pique* (*Palo a Pique* – ynganer 'Palo a Pice'): rhes o bolion neu blanciau wedi eu gosod yn fertigol a chyfochrog â'i gilydd i ffurfio mur.

oedd fel deddf y Mediaid a'r Persiaid, yr hon ni newidir.[5] Felly'r oedd hi arnom ninnau; nid oedd gobaith am ddim ond ychydig o wenith wedi ei ferwi. Yr oedd y pwyllgor yn ofalus i gadw'r anifeiliaid heb eu lladd ar gyfer dydd y rhannu, fel y caffai pob teulu ei gyfran. Yr oedd amryw o'r gwŷr yn darparu bythynnod ar gyfer eu teuluoedd, ac wedi saethu amryw o adar, un â *black shag*, arall â fflamenco, arall â chornchwiglen, arall â hwyaden, pob un â'i ffowlyn yn barod i groesawu eu teuluoedd pan gyrhaeddent; ond nid oedd obaith am y llong i ddyfod i'r afon.

Yna danfonwyd dyn ar gefn ceffyl i Madryn. Yno cafwyd gwybod fod y llong wedi myned oddi yno ers wythnos.[6] Yr oedd Morris Humphreys wedi aros yno, gan nad oedd Mrs Humphreys yn abl i fyned gyda'r llong, ac hefyd yr oedd amryw bethau wedi eu gadael ar ôl yno, sef y stôr a rhan o'r bwydydd ac un o'r melinau.[7] Cawn gyfleustra eto i gofnodi'r pethau hyn.

Dychwelodd y dyn yn ôl gyda newydd drwg, fod y llong wedi gadael Madryn ers wythnos. Yn awr dyma hi wedi mynd yn wyth niwrnod a dim sôn amdani, a dyma hi yn fonllef o alar cyffredinol. Nid oedd neb yn ceisio darparu dim ymhellach ar gyfer eu teuluoedd gan eu bod yn credu fod y llong wedi [ei] cholli.[8] Yn yr adeg yma daeth yn law mawr am dri diwrnod a phawb yn ceisio llechu tu fewn i'r tai bregus, cysgod pa rai nid oedd fawr gwell na bod allan. Gwaith mawr oedd cadw'r tanau i gynnau. Yr

5 Gweler Esther 1:19 a Daniel 6:8, 12 a 15 yn y Beibl.

6 Roedd John Woods wedi dweud mai deuddydd fyddai hyd y fordaith.

7 Maurice Humphreys, o'r Ganllwyd, Meirionnydd, brawd hynaf y Parchedig Lewis 'Patagonia' Humphreys a John Humphreys. Roedd Elizabeth (Adams) Humphreys ar fin rhoi genedigaeth i Mary, cyntaf-anedig y Wladfa. Gweler Pennod 6, nodyn 5.

8 Cafodd yr arweinyddion gryn drafferth i berswadio'r gwŷr rhag dychwelyd i'r bae, gymaint oedd eu hanobaith am dynged y *Mary Helen* a'i theithwyr.

oedd y tân ar ganol y llawr a digon o le i'r mwg fynd allan trwy'r to.

Yn y dyddiau hyn daeth o Madryn Cadben Murga a'i filwyr, a'r mesurydd tir o'r enw Díaz a dau was ynghyd â Lewis Jones a Mrs Jones o Patagones.[9] Yr oedd Cadben Murga yn dyfod dros y Llywodraeth er rhoddi hawl i ni sefydlu y lle. Ar yr ail ddydd ar ôl cyrraedd, aethpwyd trwy y seremoni:[10] 1. Codwyd y faner Archentaidd ar yr hen amddiffynfa.[11] 2. Wedyn areithiodd [Murga], a dywedai ei fod wedi dyfod dros y Llywodraeth i roddi hawl i'r Cymry sefydlu yn y lle. 3. Yna rhoddwyd cyfarchiad trwy danio ergydion o ynnau, ac atebwyd gennym ninnau.

Gan ein bod wedi rhagori ar ei filwyr ef, dywedodd [Murga] wrth y Br Lewis Jones, 'Gwelaf mai milwyr

---

9 Capten Julián Murga oedd pennaeth gwersyll milwrol Patagones. Gydag ef ar y *Río Negro*, teithiai'r tir-fesurydd Julio Díaz, Albanwr o'r enw Morrison, a weithredai fel cyfieithydd i'r Capten, a dau ar bymtheg o filwyr. Roedd Ellen Jones wedi teithio o Gymru yng nghwmni ei gŵr, Lewis Jones, ac Edwyn Cynrig Roberts, ond roedd wedi dioddef damwain tra'n marchogaeth ym Mhatagones, lle y bu'n rhaid iddi aros am wellhad o dan ofal y Parchedig Ddoctor George Humble, meddyg-genhadwr o Loegr.

10 Cynhaliwyd y seremoni hon yn dairieithog, gyda Morrison yn cyfieithu i'r Saesneg a Lewis Jones i'r Gymraeg. Mae'r cofnod Sbaeneg wedi goroesi mewn print hyd heddiw. Fe allai'r fersiynau eraill fod ar gael yn un o ddwy lyfrgell fawr Buenos Aires (y Llyfrgell Genedlaethol neu, yn fwy tebygol, Llyfrgell y Gyngres).

11 Caer Antur oedd yr enw a roddwyd arni gan Edwyn Cynrig Roberts pan gyrhaeddodd ati y tro cyntaf, a gwelir bod yr enw hwnnw yn cael ei ddefnyddio mewn amryw o lythyrau am gyfnod o ryw dair blynedd. Wedi sefydlu Tre-Rawson, tueddwyd i gyfeirio at y gaer drwy ei disgrifio – 'yr hen amddiffynfa' – fel y gwelir mewn nifer o lythyrau. Gydag amser, troes y disgrifiad yn enw, a hyd heddiw tueddir i ddefnyddio prif lythrennau wrth ysgrifennu amdani, yn enwedig yn y Sbaeneg (*El Fuerte Viejo*). Fel sawl un arall, roedd Abraham Matthews ei hun yn ei ddefnyddio yn *Hanes y Wladfa Gymreig yn Patagonia* (Aberdâr 1894), tud. 20. Wedi cwblhau'r ddefod, llofnododd pob dyn oedd yn bresennol ddogfen swyddogol yn cofnodi bod y Wladfa wedi ei sefydlu. Efallai bod dyrnaid o wragedd yn y dreflan erbyn hynny, ond roedd y mwyafrif yn dal ar eu mordaith tuag ati.

Prydeinig ydych chwi wedi dyfod yma i feddiannu'r wlad.' 'Na,' meddai Lewis Jones, 'gweithwyr ydynt wedi dyfod yma i ffarmio.' 'Ni chredaf,' meddai Cadben Murga, 'ni allai gweithwyr cyffredin byth roddi y fath gyfarchiad.' Dygwyd y newydd i Buenos Aires, a bu hynny'n anfantais i'r Gwladfawyr lawer tro, os nad ydyw ei effaith yn parhau hyd heddiw.[12]

Y trydydd dydd aethant yn ôl i Madryn gan gymryd eu ceffylau gyda hwy.[13] Rhif y milwyr a'r Cadben oedd un deg saith, felly dychwelasant yn ôl i Patagones. Er ein bod wedi cael hawl o'r lle a chael addewid cysurlawn na welem eisiau tra byddai dafad yn y wlad, ond yr oedd eisiau mawr ar y pryd, er fod gennym tua wyth cant o ddefaid.[14]

Y glaw aeth heibio a'r ddaear yn glasu, ond galaru oedd i'w glywed ar bob llaw, gan nad oedd gobaith am y llong a'r gwragedd a'r plant. Yna bu ymgynghori beth allesid [ei] wneuthur dan yr amgylchiad dyrys oeddem ynddo ar y pryd. Yr oedd rhai am fyned i Madryn, gan fod yno beth bwyd, eraill yn meddwl mai gwell fuasai ceisio myned yn y bywydfad i Patagones, ond nid oedd hwnnw'n ddiogel gan ei fod wedi ei amharu wrth ddyfod o Madryn. Er ceisio dyfod i ryw ffordd o waredigaeth, tywyllwch

12 Chwyddodd gweisg Buenos Aires y stori gan greu anniddigrwydd mawr a theimladau gelyniaethus tuag at y Wladfa ymhlith y cyhoedd a swyddogion y lluoedd arfog. Amlygodd swyddogion Llywodraeth yr Ariannin ac ambell bapur newydd, megis *La Nación* ('Y Genedl'), agwedd dra niwrotig tuag ati dros rai degawdau, dan y dybiaeth ei bod yn rhyw fath o ragfur Prydeinig ym Mhatagonia (ac mae'n gywir dweud bod rhai Gwladfawyr, yn enwedig ymhlith minteioedd a ddaeth o 1875 ymlaen, wedi cadw eu hymlyniad at y Goron Brydeinig). Cyn hir, mi fyddai'r berthynas rhwng y brifddinas a'r Wladfa yn gwaethygu.

13 Oherwydd ei bod hi wedi glawio yn ddi-baid am bythefnos, gadawodd carnau'r ceffylau eu hôl ar y ddaear, gan lunio ffordd unionsyth o Gaer Antur/Tre-Rawson i'r bae. Honno oedd y ffordd a ddewisai'r Gwladfawyr o hynny ymlaen.

14 Cyfyngwyd ar y lwfans ddyddiol rhag i'r cyflenwad cig orffen cyn y gellid derbyn rhagor o anifeiliaid.

oedd o gwmpas pob cynllun; ond yr oedd Un lle yn olau, a llawer erfyniad aeth at Dad y Goleuni[15] o ganol yr holl dywyllwch.

Yr oedd amryw o'r tadau yn myned tua glan y môr i edrych a welent argoel am y llong a'u hanwyliaid. Dyma'r pedwerydd dydd ar ddeg wedi myned heibio a dim gobaith.[16] Gwawriodd y pymthegfed dydd, diwrnod braf a chynnes, sef yr ugeinfed dydd o Fedi. Yr oedd rhai wedi bod yn edrych fel arfer tua chyfeiriad genau'r afon gan mai yno y disgwylid y llong. Aeth un i ben y bryniau tua chanol dydd, a dyna waedd: 'Llong, llong yn y golwg. Llong, bobl annwyl, dowch yma.' A dyna olygfa, rhai yn wylo, a phawb yn gweiddi diolch.

Ond beth oedd y mater ei bod mor bell o'r afon? A dyma Lewis Jones yn gorchymyn i'r Cadben Neagle ac Amos Williams i gymryd cymaint allent o'r gwŷr priod i'w canlyn yn y cwch, ac aeth yntau hefyd. Gan nad oedd digon o le ynddo, cerddodd eraill, a phan gyraeddasant lan y môr, beth welent draw ymhell ar y traeth tua dwy filltir o enau'r afon yr ochr ogleddol, ond y gwragedd a'r plant a'r holl gelfi yng ngafael y tonnau, a llawer o bethau wedi eu cario i'r môr.[17] Ni chafwyd o'r planciau ond ychydig. Pe caem y cwbl, buasent ddigon i wneud drysau a byrddau i bawb, ond ni chafwyd ond digon i wneud un adeilad yn mesur tua saith mydr wrth chwech. Pan aeth pawb i edrych am eu heiddo, gwelwyd fod llawer o bethau

15 Gweler Iago 1:17 yn y Beibl.

16 Wynebodd yr arweinyddion gryn drafferth wrth geisio perswadio'r gwŷr rhag dychwelyd i'r bae, gymaint oedd eu hanobaith am dynged y *Mary Helen* a'i theithwyr.

17 Achosodd y digwyddiad hwn ffrae danbaid rhwng Lewis Jones a John Woods. Yna, cyhuddwyd Lewis Jones o fod wedi anfon y Capten yn benodol i gasglu *guano* i'w drosglwyddo i fwrdd y *Mimosa* a'i werthu am elw personol iddo ef yn Ewrop. Mynegodd Cadfan y farn honno yn ddiflewyn-ar-dafod mewn llythyr at Michael D. Jones.

yn eisiau. Yr oedd yr adeilad ym Madryn yn mesur ugain mydr o hyd wrth bump o led.[18]

Rhyfedd oedd cyfarfyddiad y gwŷr a'r gwragedd a'r plant, gan fod pawb yn meddwl eu bod wedi [eu] colli. Yr oedd gan y gwragedd hanes torcalonnus. Dywedent eu bod wedi bod o dan *deck* y llong am wyth niwrnod heb ddim i'w fwyta ond pomcin, na dim dwfr i'w yfed. Yr oeddynt wedi cael eu cau o dan y *deck* tra parhaodd yr ystorm. Yr oedd y llong wedi cael ei chwythu i'r de, ac wedi cael lle i gysgodi mewn man o'r enw Hofns. (Mae'n debyg bod enw arall ar y lle yn awr.)[19] Cawsant ddwfr yno, oblegid yr oedd y dwfr ar y llong wedi gorffen. Ar ôl cael gwynt teg dychwelasant yn ôl. Wrth ddyfod nid oeddynt yn cael dim bwyd gan yr hen Gadben, ond yr hyn a fedrent gael gafael o'r *biscuits* oedd yn perthyn i'r fintai, a'r dyddiau olaf y cawsent hyd i'r rhai hynny. Ni chawsant ddim dwfr cynnes ar hyd yr amser, felly da oedd ganddynt ddod i'r lan i gael ymgeledd. Dyna i ti, ddarllenydd, ran o hanes y gwragedd a'r plant ar eu taith.[20]

Yna trefnwyd i fyned am yr afon. Yr oedd angen cymorth ar amryw ohonynt i gerdded, yn enwedig ar y mamau oedd a phlant bach ganddynt. Wedi cyrraedd at yr afon cawsant de a bara caled, yr hyn na chawsant ar ôl gadael Madryn. Daeth rhai i'r lan y noswaith honno a rhai eraill drannoeth. Yr oeddynt yn gweithio y cwch i ganlyn y llanw, tra'r oedd rhai yn cario y nwyddau am yr afon ac

18 Dichon fod Thomas Jones, Glan Camwy, yn cyfeirio yma at y ffaith mai rhai o'r coed a gasglwyd wrth ddatgymalu'r adeilad ym Mhorth Madryn (sef stordy'r offer a'r dodrefn) oedd y rhai a gollwyd wrth ddadlwytho'r *Mary Helen*.

19 Hofns. Nid yw'n debyg o fod yn enw Sbaeneg, ac nid oes unrhyw le heddiw yn yr ardal dan sylw yn dwyn yr enw hwnnw na dim byd tebyg iddo.

20 Bu farw rhai o'r plant oherwydd effeithiau'r cam-drin hwn. Gweler Pennod 8, nodyn 13.

eraill yn cario popeth o afael y môr. Ef oedd yn cael y bai am yr holl golledion, ond yr oedd amheuaeth eu bod yn rhoddi gormod ar 'David Jones'.[21]

Aeth yr hen Gadben Woods i ffwrdd cyn i neb o'r dynion oedd ar y lan ei weled. Dyn oedd hwnnw, nid un D...l yn cartrefu ynddo, ond lleng. Pe buasent yn cael gafael arno, mae'n debyg mai tynged y moch hynny yn Gadara fuasai ar ei ran.[22]

---

21 Cyfeiriad at *Davy Jones's Locker*, sef gwaelod y môr.

22 Gweler Mathew 8:28–34; Marc 5:1–20; a Luc 8:26–39 yn y Beibl. 'D...l': Diawl.

Pennod 8

(*Y Drafod*, 6 Awst 1926)

WEDI CAEL Y gweddill o'r gwragedd a'r plant i fyny o lan y môr i'r hen amddiffynfa, aeth pawb at eu gorchwylion yn galonnog, rhai i orffen eu bythynnod, y seiri'n adeiladu ystordy, ac eraill yn gweithio gyda'r cwch er cael yr holl glud i le diogel. Yr oedd yn rhaid ar bob dyn weithio. Yr oedd y ddeddf yn ei grym, y sawl ni weithia, ni châi fwyta chwaith.[1] Yn awr, am y tro cyntaf ar ôl glanio, y cafodd y cwbl o aelodau'r Cyngor gydgyfarfod gan eu bod ar wasgar [hyd at hynny], er bod rhai personau o'r Cyngor wedi gweithredu eu hunain, a hynny'n ddigon annoeth. Yn un peth, newid y bugail defaid a'r bugail gwartheg, ac enwi John Humphreys i edrych ar ôl y gwartheg, a John Roberts i ofalu ar ôl y defaid.[2] (Fe geir hanes y defaid ymhellach ymlaen.)

Gan ein bod yn sôn yn aml am yr hen amddiffynfa, dyna ydoedd: darn o dir wedi ei amgylchynu â ffos tua mydr o ddyfnder, a dwy o led, a lle pwrpasol i roddi pedwar magnel, un ar bob cornel, a ffos wedi ei thorri o'r afon, fel pan fyddai y llanw i fyny y byddai y ffos yn llenwi, gan

1 Gweler 2 Thesaloniaid 3:10 yn y Beibl: 'Os byddai neb ni fynnai weithio, ni châi fwyta chwaith.'

2 Roedd tri John Roberts yn y fintai, un ohonynt yn blentyn. John Roberts (Milwr) a John Moelwyn Roberts oedd yr oedolion, y ddau o Ffestiniog. Credir mai'r cyntaf a benodwyd yn fugail y defaid. Roedd yr ail yn amaethwr profiadol.

fod y bobl a'i gwnaeth yn credu na ddeuai yr Indiaid yn groes i ddwfr i ymosod.[3] Yr oedd y rhai a wnaethant yr amddiffynfa wedi dyfod yno gyda'r amcan o hela gwartheg gwylltion, ond methiant fu yr ymgais. Dywedir mai un o'r enw David Jones, Cymro o Buenos Aires, oedd yr arweinydd.[4] Pan ddaeth y Cymry yma, yr oedd yno un ystafell fechan o briddfeini, ac yr oedd darn o long ar yr afon, a'r rhan fwyaf ohoni wedi llosgi.

Dyma'r hanes fel y'i clywsom gan un o'r enw Jerry (Gwyddel), oedd wedi bod yn Patagones am flynyddoedd yng ngwasanaeth y Pilot wrth enau'r afon Negro. Daeth ef yma gyda Lewis Jones ac Edwin Roberts, ac ef a thri arall fu'n gweithio yn Madryn cyn i'r fintai lanio.[5] Pan oedd Edwin Roberts yn torri y ffynnon dŵr hallt fel ei gelwir, un diwrnod pan oedd ef i lawr yng ngwaelod y ffynnon, aeth y tri oedd yn codi'r pridd i ffwrdd ganol dydd, gan ei adael ef i lawr. Pan ddaeth Jerry i'r *camping* y noson honno gofynnodd iddynt ba le'r oedd Edwin Roberts. 'Mae yn y ffynnon. Nid oeddem yn cofio amdano', meddent yn ddigon digyffro; a chan eu cymell, daethant i'w ganlyn a chodasant ef i'r lan. O'u rhan hwy, buasent wedi ei adael yn y ffynnon hyd y bore.[6] Daeth Jerry i ganlyn y fintai i Chubut, a bu'n ffyddlon yn gweithio gyda'r cwch. Cawn air amdano ymhellach ymlaen.[7] Cafodd y tri arall eu hanfon

3 Er nad yw'n ddisgrifiad cyflawn, dyma'r un manylaf sydd o'r safle hwn. Efallai bod y sylw am amharodrwydd y brodorion i groesi'r dŵr yn gywir, eithr nid oes cofnod o'r hyn a wyddai adeiladwyr y gaer am eu harferion a chredoau.

4 Henry Libanus Jones (nid David Jones) oedd enw'r gŵr dan sylw – Cymro (fel mae ei ail enw yn awgrymu) a ymsefydlodd yn ifanc iawn yn Buenos Aires gan fyw bywyd diddorol sy'n haeddu cofiant.

5 Amrywiodd nifer y gweision rhwng chwech a deg o ddynion ar wahanol adegau yng nghyfnod paratoi'r gwersyll.

6 Gwelir adroddiad llawn am y digwyddiad hwn yn MacDonald, *Yr Hirdaith* (Llandysul 1999 a 2003).

7 Dywed Dr David Williams, Trelew – a does dim lle i amau cywirdeb

yn ôl i Patagones y cyfleustra cyntaf o Borth Madryn.

Gan fod y bythynnod cyntaf wedi eu codi ar y gwastad, manteisiodd eraill ar y ffos gan fod y pridd wedi ei daflu i un ochr, a chan fod digonedd o goed i'w cael yn y trofeydd bob ochr i'r afon, a'r dŵr yn agos at y gwaith, cododd pawb ei fwthyn mewn ychydig amser, ac yna roedd pawb yn teimlo ei fod wedi dyfod i feddiant o le i drigiannu heb rent na threth i'w talu, a digon o ddŵr yn llifo heibio'n rhad.[8] Yn awr gan ein bod yn byw o fewn cylch tua chan mydr, yr oeddem megis un teulu mawr.

Yr oedd yr ystordy yng nghanol y cylch, ac yno yr oeddem yn cynnal y gwasanaeth crefyddol, mewn lle digon diaddurn. Ychydig o sachau gwenith a sachau blawd wedi eu gorchuddio gan sachlïain, ychydig o blanciau i'r merched i eistedd, a bocs i ddal y Beibl, a'r Parch. Abraham Matthews a'r Parch. Lewis Humphreys yn pregethu bob yn ail. Ysgol yn y prynhawn, cyfarfod gweddi yn yr hwyr, a chyfeillach nos Fercher. Nid oedd eisiau cymell i ddyfod i'r cyfarfodydd, yr oedd pawb yn falch gweled y dydd Saboth yn gwawrio, ac mewn ysbryd i gydaddoli ar ôl bod ar wasgar yn ôl a blaen dros y paith o Madryn i Chubut.

Yr oedd un pregethwr arall yno, sef [y] Parch. Robert Meirion Williams yn perthyn i enwad y Bedyddwyr, dyn mewn oed, tua chwe deg mlwydd oed.[9] Bu ef allan yn Crimea adeg y rhyfel yn gweithio fel saer coed. Cadwai wasanaeth bob Saboth yn ei fwthyn ei hun. Er mai ychydig

---

ei ddamcaniaeth – mai'r un gŵr yw hwn â Frank Ames, hanner Gwyddel, hanner Hindŵ, a foddodd yn Afon Camwy ac a enwir yng nghofrestr marwolaethau'r Wladfa. Gweler Pennod 3, nodyn 6, a Phennod 11, nodyn 9.

8 'Yn wir, y mae pob un o honom yn teimlo ei fod yn *freeholder*, ac nid oes ar neb o honom ofn y rhent, na threth eglwys, na *riskio* chwaith cael *notice to quit*': Lewis Humphreys yn *Baner ac Amserau Cymru*, 26 Rhagfyr 1866.

9 Yn ôl cofrestr R. J. Berwyn, roedd R. M. Williams yn 51 oed pan gyrhaeddodd y Wladfa.

oedd rhif y cynulliad, byddai'n dechrau y gwasanaeth bob Saboth trwy ganu'r emyn adnabyddus 'Am Iesu Grist a'i farwol glwy'.[10] Yr oedd yn ganwr bas nad oedd ei debyg yn y fintai, a phan y byddai'n ail ganu'r rhan olaf o'r pennill, yr oedd ei lais i'w glywed fel utgorn. Ceir gair eto ymhellach ymlaen am yr hen frawd diddan hwnnw.

Fe gafodd yr eglwys fechan yn Rawson ei breintio â dynion rhagorol yn bregethwyr a cherddorion. Bu R. J. Berwyn a Richard Hughes yn ymdrechgar gyda'r ieuenctid dan lawer o anfanteision oherwydd diffyg llyfrau pwrpasol. Ychydig o lyfrau sol-ffa oedd i'w cael yr adeg honno,[11] ac ychydig lyfrau Hen Nodiant oedd ganddynt.

Yn y dyddiau hynny, bu farw un o'r enw Thomas Williams a'i wraig yr un wythnos. Oeddynt wedi dod o Mountain Ash ar long Capten Woods, gan feddwl treulio nawnddydd oes yn y Wladfa.[12] Bu farw hefyd dri o blant bach y teuluoedd, sef Gruffydd, Solomon a James Jones, oherwydd y dioddef ar fwrdd y llong.[13]

---

10 Emyn gan Thomas Jones (1769–1850), gweinidog gyda'r Bedyddwyr yng Nglynceiriog ac yna yn Rhydwilym. Y rhan olaf o'r pennill yw 'mai teilwng ydyw'r Oen'. Parheir i'w ganu yn ein dyddiau ni (rhif 488 yn *Caneuon Ffydd*).

11 Pan sefydlwyd y Wladfa yn 1865, dim ond dechrau dod yn boblogaidd yr oedd nodiant y sol-ffa yng Nghymru.

12 60 mlwydd oed oedd Thomas Williams a 55 mlwydd oed oedd Mary, ei wraig. Buont farw o'r darfodedigaeth. Bu farw Mary yn Hydref 1865 a Thomas yn Rhagfyr 1865. Roeddynt wedi ymuno â mintai'r *Mimosa* yn y gobaith afraid y gwnâi awyr iach Patagonia eu gwella. Cerdded o'r bae yn y niwl a'r glaw a wnaeth Thomas druan, gyda'r fintai a yrrai'r defaid, a bu Mary ar fordaith erchyll y *Mary Helen*. Dichon mai gwall wrth olygu neu gysodi'r bennod sy'n esbonio paham y dywedir yma iddynt gael eu cludo i'r Wladfa 'ar long Capten Woods' yn hytrach nag ar y *Mimosa*.

13 Mae peth dryswch yma. Priodolwyd y marwolaethau canlynol i'r dioddefaint ar y *Mary Helen*: Rachel, tri mis oed, merch Aaron a Rachel Jenkins (22 Medi); James, blwydd oed, mab James a Sarah Jones (12 Hydref); Sarah (37 mlwydd oed) gwraig Rhydderch Huws (18 Tachwedd); Mary Anne, tair blwydd oed, merch James a Sarah Jones (22 Tachwedd); ac Elizabeth, pedair oed, merch John ac

Yr oedd un yn gofyn i mi y dydd o'r blaen beth oedd amcan a phwy oedd aelodau'r Cyngor hwnnw, a rhag bod eraill yn debyg, rhoddaf yr hanes mor glir ag y gallaf. Yr oedd deuddeg o bersonau wedi eu dewis yn Liverpool o blith y Gwladfawyr oedd i fod mewn undeb â'r pwyllgor yn yr Hen Wlad.[14] Yr oedd y Cyngor yma ag awdurdod ganddo i lywodraethu pethau mewnol y Wladfa Gymreig ac i ffurfio cyfreithiau yn ôl yr angen fel y byddai'r wlad yn datblygu, ac hefyd yr oedd yn eu meddiant arian i dalu am weithiau cyhoeddus fel na byddai raid i neb weithio am ddim. Yr oedd yr arian ym meddiant y Cyngor i dalu am bob gwaith cyhoeddus fel y byddai'r elw'n dyfod, sef oddi wrth *guano* a phethau eraill y gallesid gwneuthur elw ohonynt. Yr oedd yr arian papur wedi eu hargraffu yn yr Hen Wlad – nodau punt, deg swllt a phum swllt – ac mewn ysgrifen arnynt a ganlyn: 'Mae Gwladychfa Gymreig Patagonia yn cydnabod y Nodyn hwn am un Bunt o Arian Cylchredol y Wladychfa Gymreig. — Thomas Ellis.'[15] Yr oedd yr enw hwn wedi ei stampio gydag inc glas arno.

Ar y cychwyn ym Madryn yr oedd yr ystordy a'r bwydydd o dan drefniant y Cyngor, fel a ganlyn: bod y bwyd yn cael ei werthu; bod pob dyn yn cael tâl am ei waith; bod y siopwr i gadw cyfrif manwl o bob gwerthiant, gan fod dydd y cyfrif i ddyfod.[16] Yr oedd y rhan fwyaf yn bur ofalus rhag

---

Elizabeth Hughes.

14 Roedd Pwyllgor Gwladychfaol Lerpwl am gadw rheolaeth ar y sefydliad newydd. O'r herwydd, penderfynwyd ganddynt ymlaen llaw mai Lewis Jones fyddai'r Llywydd, ac y byddai aelodau penodol o'r fintai (yn eu plith Cadfan, Thomas Ellis ac Edwyn Cynrig Roberts) yn aelodau'r Cyngor. Byddai'r gweddill yn cael eu hethol gan y fintai. Mi fyddai'r Cyngor yn atebol i'r Pwyllgor Gwladychfaol.

15 Llofnod Lewis Jones oedd ar y papur deg swllt, ac un Thomas Ellis (y Trysorydd) ar y papur punt. Ceir lluniau o'r papurau deg swllt a phunt yn Delyth MacDonald, *Llawlyfr y Wladfa* (Talybont 2018), tud. 52.

16 Cyfyngwyd ar y lwfans ddyddiol rhag i'r cyflenwad cig orffen

prynu ond yr hyn a fyddai'r gyflog yn ddigon i gyfarfod â'r cyfrif. Y gyflog oedd punt yr wythnos i bawb oedd yn gweithio, heb wahaniaeth. Ar ôl i'r Cyngor gydgyfarfod yn yr hen amddiffynfa, aeth yr holl gynlluniau yn fethiant. Nid oedd dim elw wedi dyfod i'r Llywodraeth, felly nid oedd yr arian yn werth dim, ac ni chafodd neb dâl am ei waith. Ond yr oedd cyfrif pawb yn cael ei gadw ar wahân. Ni châi neb ymadael â'r wlad heb dalu ei ddyled. Cawn weled ymhellach ymlaen pa fodd yr oedd y rhai a fyddai'n ymadael yn ceisio gwastatáu eu dyledion.

---

cyn derbyn rhagor o anifeiliaid o Patagones.

Pennod 9

(*Y Drafod*, 20 Awst 1926)

YN Y DYDDIAU hynny yr oedd llong wedi bod yn nôl y nwyddau, [y] gweddill oedd ar ôl ym Madryn.[1] Daeth i fewn i enau'r afon ac yna aeth y cwch i lawr i'w nôl, sef y nwyddau, gan nad oeddynt ond un llwyth i'r cwch. Pan oeddynt yn dyfod i'r lan y noswaith honno – noswaith braf a'r cwch yn dyfod ar frig y llanw gyda chymorth y rhwyfau – pan tua o fewn pedwar can mydr i ben y daith, clywem waedd frawychus ac yna rhedai rhai am y cyntaf am y cwch. A'r peth cyntaf glywsom [oedd] fod John Davies wedi boddi.[2] Pan oedd ef ar ben blaen y cwch â rhwyf yn ei law er cadw'r cwch oddi wrth y lan, glynodd y rhwyf yn y llaid a syrthiodd John Davies i'r afon. Ac er chwilio am lawer o ddyddiau amdano, nis cafwyd. Ef oedd yr un cyntaf ddaeth trosodd ar gefn ceffyl â'r newydd fod y cwch a'r bwyd wedi cyrraedd at yr hen amddiffynfa. Ef oedd gŵr cyntaf mam y diweddar D. Lloyd Thomas, Rawson.[3] Cafodd y Wladfa golled fawr ar ei ôl. Yr oedd wedi cymryd rhan flaenllaw gyda gwahanol weithiau er [y] dydd y glaniodd ym Madryn.

Yn nesaf, gwaith y Cyngor yn trefnu ar gyfer y dyfodol. Yr oedd pethau wedi dyfod yn bur ddifrifol. Rhoddodd Lewis Jones ar ddeall nad oedd dim rhagor o ymborth i'w

---

1 Y *Juno* neu y *Mary Helen*.

2 Yn ôl J. S. Jones, digwyddodd y ddamwain hon yn y bore.

3 Robert Thomas, Bangor, oedd ei hail ŵr.

ddisgwyl na'r hyn oedd gennym, fod y cwbl wedi dyfod a bod yr hyn a gafwyd heb dalu amdano. Yr adeg honno y daethpwyd i wybod nad oedd y cytundeb oedd wedi ei arwyddo gan Doctor Rawson a Lewis Jones a'r Cadben Love Jones-Parry ddim wedi pasio trwy'r Senedd. Pan ddaeth Lewis Jones yn ôl o flaen y fintai trwy Buenos Aires, cafodd ar ddeall nad oedd y Senedd wedi derbyn y cytundeb, ond bu Doctor Rawson yn ffyddlon ac yn ymdrechgar o blaid y Wladfa.

Yr oedd y pwyllgor yn yr Hen Wlad wedi gweithredu gan gredu fod popeth yn iawn yn [dilyn adroddiad] y prwyadon pan ddychwelasant o Buenos Aires.[4] Yn awr, wedi cael gwybod yr hanes uchod, ac ar ôl cyfrif faint o ymborth oedd yn yr ystordy, deallwyd nad oedd ond bwyd am tua o saith i wyth mis, a'i rannu yn gynnil. Galwyd y Gwladfawyr ynghyd i gael gwybod beth oedd orau ei wneud dan yr amgylchiadau. Wedi i bawb ddyfod ynghyd ar noson braf, [roedd yn] llawn lleuad golau fel dydd, ond tywyllwch fel y nos wrth edrych ymlaen. Yr oedd yno gyfarfod stormllyd, pob math o siarad ar hyd y nos hyd oriau mân y bore, neb yn meddwl am fyned i orffwys.

Yr oedd Lewis Jones wedi hysbysu'r Cyngor ei fod yn ymadael ac yn myned gyda'r llong oedd yng ngenau'r afon, pa un ymadawai ymhen dau ddiwrnod, a hynny ar ben tri mis ar ôl glanio. Yn y cyfarfod hwnnw dewiswyd William Davies i fyned gyda'r llong i Buenos Aires gyda Lewis Jones at y Llywodraeth, a rhoddodd Lewis Jones

4 Prwyad: cynrychiolydd, negesydd. Roedd Senedd yr Ariannin wedi gwrthod cynllun Gweinidog y Fewnwlad (sef y Gweinidog Cartref), Dr Guillermo Rawson. Er gwaethaf hynny, ac ar sail deddf arall oedd yn caniatáu i'r Llywodraeth neilltuo tiroedd i'w hamaethu gan ymfudwyr, anogodd yntau arweinyddion y mudiad gwladfaol i fwrw ymlaen â'u cynllun. Gwyddai Pwyllgor Lerpwl am y newid pwysig hwn, ond aed ymlaen yn y dybiaeth y medrai gwladfa gref a llwyddiannus newid meddyliau y Llywodraeth a'r Senedd.

ei air y buasai ef yn rhoddi pob help iddo gan na fedrai William Davies ddim o'r iaith Hisbaenaeg, ac felly cododd yr haul yn ei wres a thawelodd yr ystorm. Aeth i ffwrdd gyda'r llong William Davies,[5] Lewis Jones a Mrs Jones, Stephan Jones,[6] Doctor Green,[7] John M. Thomas,[8] [y] peiriannydd Diaz[9] a William Williams (paentiwr a gwydwar). (Buasai'n ddigon cynnar i hwnnw ddyfod ymhen wyth mlynedd ar ôl hynny.)[10] Ac yr oedd tŷ sinc wedi dyfod yma ar gyfer y mesurydd tir. Cymrwyd hwnnw hefyd i'w canlyn.

Felly gadawyd ni i ofal y Rhagluniaeth. Yr oedd yma gist feddygol, heblaw y gist â'r arian papur. Yr oedd Doctor Green wedi rhoddi allwedd y gist i'r Cyngor. Wedi ei hagor nid oedd neb yn deall yr enwau oedd ar wahanol feddyginiaethau, gan eu bod yn yr iaith Ladinaidd. Yr oedd yno rai dealladwy megis Sago, Tabioca, Arawt, ond yr oeddynt wedi myned; nid oedd yn aros ond yr enwau. Yr oedd y ddwy gist yma yn cael eu cadw yn yr ystordy, fel dau ddodrefnyn gwerthfawr, gan feddwl y deuai rhywun ryw dro a fuasai'n cyfieithu yr enwau Lladin i'r Saesneg;

5 Tirfesurydd neu bensaer o Lerpwl.

6 Stephan (Stephen) Jones: brawd iau Lewis Jones.

7 Dr Thomas Greene, llawfeddyg 21 oed, oedd ar gytundeb blwyddyn. Fe'i torrodd gan honni nad oedd y Cyngor wedi cadw at y cytundeb i roddi iddo bwys o reis yn ddyddiol.

8 John Thomas oedd ei enw yn gadael Cymru. Yn ystod ei brentisiaeth yn Buenos Aires, mabwysiadodd gyfenw ei gyflogwr yn enw canol, ac fel John Murray Thomas y dewisodd gael ei adnabod am weddill ei oes.

9 Tir fesurydd a anfonwyd gan y Llywodraeth.

10 William Williams (20 oed) o Lerpwl, a ymfudodd ar y *Mimosa*. 'Peintiwr a gwydwar', sydd yn y testun yn *Y Drafod*. Yn anffodus, aneglur yw'r ail air yn y llawysgrif wreiddiol ('gwdirwr' efallai). Ai camsillafu 'gwydrwr' a wnaed, ac mai 'peintiwr a gwydrwr' oedd William Williams? Byddai hynny'n esbonio pam na fyddai angen ei wasanaeth tan wyth mlynedd yn ddiweddarach!

ond am y gist arall, nid oedd gobaith.[11]

Wel, mae'r llong wedi mynd. Mae'r lle yn wag ar ôl Lewis Jones. Er mai tri mis y bu yn ein plith, bu'n weithgar iawn ar hyd yr amser. Ef oedd y cyntaf bob bore yn galw ar y bobl at eu gwaith o gario i fyny y gwahanol nwyddau o lan y môr. Yr oedd yn galonnog iawn hyd y noswaith fythgofiadwy honno. Mae'n debyg bod ymhlith y deuddeg rai anodd i gydweithio â hwynt, a chan ei fod wedi cael siomiant o du y Llywodraeth, a phethau eraill wedi dyfod yn groes i'r hyn a fwriadai. Gwaith hawdd yw beirniadu, ond gwaith anodd yw gweithredu mewn amgylchiadau dyrys; a dyrys iawn ydyw hyd heddiw – mae'n dywyll iawn ymlaen o hyd.[12]

Wel, yn nesaf trefnwyd i alw pawb ynghyd i ddewis eu tyddynnod gan fod yr ochr ogleddol wedi ei mesur hyd ran o'r dyffryn uchaf, gan fod rhan ohono â dwfr arno, meddai ef. Gadawodd ddau was ar ei ôl i osod y pegiau yn eu lle: tebyg yw na wnaethant. Yr oedd pedair ffarm wedi eu mesur yr ochr ddeheuol. Felly yr oedd digon o ddewis gan y fintai. Dewiswyd trwy docynnau a rhif y tyddyn ar bob tocyn. Dewisodd pawb eu tyddynnod yn gydiol, gan y byddent felly yn fwy diogel rhag yr Indiaid.[13]

Wedi i bawb gael ei dyddyn a chan fod llawer wedi dyfod â hadau o wahanol fathau, aethpwyd i'w hau yn y

11 Arian papur y Wladfa (di-werth o hynny ymlaen) oedd cynnwys yr ail gist.

12 Cyfeirio y mae Thomas Jones at gyflwr y Wladfa (neu'r hyn oedd yn weddill ohoni) yn 1926. Roedd Llywodraeth yr Ariannin wedi cymryd meddiant llwyr o bob agwedd ar fywyd yn Nyffryn Camwy (a Chubut gyfan) erbyn hynny.

13 Dywedir o hyd mai trwy dynnu rhifau y cafodd pob ffermwr ei dir, eithr mae esboniad Thomas Jones, Glan Camwy, yn awgrymu nad felly yn union y gwnaed. Ychwanega fod pawb, am resymau diogelwch, wedi 'dewis' tiroedd yn ffinio â'i gilydd. (Nid oedd hynny'n ddichonadwy oni chaniatawyd i'r rhai oedd wedi tynnu rhifau'r tiroedd pellaf feddiannu caeau gweigion oedd yn y bylchau rhwng y ffermydd a enillwyd gan y rhai mwyaf ffodus.)

wlad newydd, a phob un yn ceisio am le a thyfiant arno i hau, gan gredu fod pob tir heb dyfiant arno yn ddiffrwyth. A dyma hi'n balu a cheibio, ac wedi hau, disgwyl am law i egino'r hadau.[14] Ond er disgwyl, ni ddaeth dim. Rhaid oedd cario dwfr mewn bwcedi, a dyma ddechrau gwaith heb derfyn iddo. Ar ôl cario dwfr yn y bore a chario y prynhawn, ac er i'r hadau egino, fe ddaeth y gwres a'r gwyntoedd cryfion gan ddeifio popeth.[15] Yn un lle tu isaf i Rawson, cliriwyd dwy erw o dir, a phlannwyd indian-corn. Cariwyd dwfr o'r afon mewn casgen a cheffyl yn ei thynnu, a thri o ddynion wrth y gwaith o ddyfrhau.[16] Fe eginodd a thyfodd tua chwe modfedd, ond methiant fu er yr holl ymdrech. Er gweithio'n galed, ni chafwyd dim.

Yn nesaf, aethpwyd i rannu'r anifeiliaid, ceffylau a gwartheg. Yr oedd pob pen teulu yn cael dewis ceffyl neu fuwch, gan nad oedd yno ddigon ar gyfer pawb. Cafodd hen lanciau bob un ei geffyl. Cyfeiriwyd o'r blaen fod y bugail defaid wedi cael ei newid. Yr oedd hwnnw'n lled esgeulus. Yr oedd yn gadael y defaid heb eu corlannu. Un bore aeth i edrych amdanynt ond nis gwelodd, [ac] felly am ddau ddiwrnod, ac nid oedd gobaith amdanynt. Yna trefnwyd i un o'r gweision oedd gan y mesurydd tir i fynd i edrych amdanynt. Bu'n chwilio ond nis gwelodd. Cafodd eu trac tu draw i Lyn y Gŵr Drwg, fel ei gelwir.[17] Dyna

14 Er bod *Llawlyfr y Wladychfa Gymreig* (1862) yn dweud yn eglur am yr angen i ddyfrhau, mae'n amlwg nad oedd neb wedi rhag-weld maint y broblem. Prin y byddai ychydig fwcedeidiau o ddŵr wedi bod yn ddigonol ar y caeau sych.

15 Deifio: llosgi, gwywo, crino.

16 Dichon fod Thomas Jones, Glan Camwy, yn siarad o brofiad personol yn yr enghraifft hon, ac mai Dyffryn Dreiniog, fferm ei lys-dad (Thomas Davies) a'i fam (Eleanor), a leolwyd y 'tu isaf i Rawson', oedd y fferm dan sylw.

17 Llyn y Gŵr Drwg: enw ar ardal lle'r oedd dynion sychedig wedi credu iddynt ddod o hyd i lyn, dim ond i ddarganfod mai rhithlun ydoedd. Llyn y Diawl oedd yr enw a roesant arno, ond wedi iddynt

ddiwedd am y defaid er yr holl gynilo. Er na chafodd y Gwladfawyr ond ychydig o'u cig, mae'n debyg i'r Indiaid a'r piwmas gael helfa fras.

---

gyrraedd adref ac adrodd y stori, mynnodd y gwragedd iddynt ei barchuso.

Pennod 10

(*Y Drafod*, 27 Awst 1926)

Y WEDD GYMDEITHASOL. Heblaw cyrddau y Saboth, cadwem hefyd gyfeillach a chyfarfod llenyddol yn yr wythnos, y rhai oedd yn dra hwyliog o dan arweiniad yr hen frawd Robert Meirion Williams. Ef fyddai'n rhoddi testunau i areithio'n fyrfyfyr arnynt, sef 'Afon y Gamwy', 'Dyffryn y Gamwy', 'Patagonia yn lle cymwys i'r Cymry sefydlu', 'Cybydd', '*Cherci*',[1] 'Mog a'i farchogwr', &c. (Enw ar geffyl oedd Mog.) Cymerid y ddwy ochr i'r testunau i fyny gan yr areithwyr, ond yr ochr nacaol neu wrthwynebol fyddai'n cario. Fe wnaeth y cyrddau hyn lawer iawn o les i'n dysgu i chwilio a meddwl drosom ein hunain, ac i'n hymarfer i siarad yn gyhoeddus.

Un diwrnod aeth R. M. W. a'i fab, a pherchennog Mog, eill tri ar ei gefn tua'r fferm. Yr oedd pant mawr yng nghefn Mog, fel nad oedd raid wrth gyfrwy, ac un dydd pan oeddynt yn croesi hen wely [afon] sydd gyferbyn â thŷ'r Br G. Mayo, ger Rawson, methodd Mog yng nghanol yr hen wely gwlyb, a dadlwythodd y tri i'r dŵr a'r mwd i ymladd eu ffordd drwodd ar eu hadnoddau eu hunain. (Bedyddwyr oeddynt, a Mog hefyd yn awr yn cael ei drochi.) Wedi iddynt ddod o'r dŵr a'r mwd, dyna R. M. W. ar ôl perchen Mog gyda gwialen, gan ei fygwth yn dost. Mynnai mai arno ef roedd y

1 *Cherci* (*Cherqui*): gweler Pennod 4, nodyn 11.

bai am yr anffawd; ond gan ei fod yn gyflymach ar ei draed na R. M. W., dihangodd rhag blas y ffon. Wedi cael Mog o'r llaid, dychwelasant gartref, ac ar ôl ymolchi a newid, yr oedd popeth yn iawn unwaith eto. (Ni fachludodd yr haul ar eu digofaint.)[2] A chan fod trannoeth yn Saboth, [roedd] eisiau i'r brodyr fod yn un a chytûn i ddechrau'r moddion trwy ganu 'Am Iesu Grist a'i farwol glwy', a hwythau eill tri'n gantorion. Ac yn wir cawsant hwyl dda ar ganu'r bore hwn wedi'r drochfa. Arhosodd Mog gartref, yr oedd dan annwyd trwm. Yn y cyfarfod llenyddol nesaf, rhoddodd Williams yn destun araith 'Mog a'i farchogwr'. Ac fel y digwyddodd, y perchennog neu y marchogwr oedd yr olaf yn dod i areithio, ac wedi i Mr Williams ddweud y testun wrtho, ymwylltiodd a tharanai y drefn yn ofnadwy, gan ofyn pa hawl oedd gan undyn i gymryd ei geffyl ef yn destun ac yn sbort. Hawliai y flaenoriaeth i Mog ar unrhyw anifail oedd yn y sefydliad er fod pant ar ei gefn, &c., a chafwyd hwyl nad yw trigain mlynedd yn ddigon i'w hanghofio.

Dro arall rhoddwyd *'Cherci'* yn destun. *'Cherci'* yw cig wedi ei dafellu'n fras, ac wedi ei halltu a'i sychu. Gwnaed hwn o gig cesig a gwartheg, a chyn y byddid yn ei goginio, dodid ef yn yr afon wrth linin dros nos er tynnu'r halen ohono. Ac yn gyffredin iawn byddai'r pysgod wedi bwyta rhai darnau'n hollol, ac eraill yn cael eu gadael ganddynt, er eu bod yn agos i'w gilydd. Yr esboniad ar hyn gafwyd gan un o'r areithwyr oedd bod y pysgod yn arogli ac yn hoffi cig caseg yn fwy na chig buwch, gan ei fod yn felusach. Onid archwaeth sy'n penderfynu blas, ac nid arogl? Wedi hyn buwyd yn fwy gofalus pa gig roddid yn yr afon, ac arbedwyd colledion.

2 Cyfeiriad at Effesiad 4:26 yn y Beibl: 'Digiwch, ac na phechwch: na fachluded yr haul ar eich digofaint chwi.'

Yr oedd amryw o'r llanciau, wedi cael bob i geffyl, yn tueddu am daith i weld y wlad, ac aeth wyth cyn belled â thop y dyffryn uchaf, sef i'r creigiau sydd yno. A dringasant i ben craig uchel, ac oddi yno ni welsant ond creigiau o'u cwmpas ymhobman; a thybient nas gellid byth fyned ymhellach, a galwasant y lle'n Mynydd Ellis, enw un o'r cwmni.[3] Ymhen wythnos dychwelasant, a'r peth cyntaf ofynnid iddynt oedd, a welsent Indiaid. 'Na,' oedd yr ateb, 'ac ni welir Indiaid byth chwaith, gan fod y creigiau sydd yn nhop y dyffryn yn amhosibl iddynt ddyfod trostynt'![4] Yna teimlem yn bur ddiogel rhag cael ein llarpio gan yr Indiaid, yn ôl y disgrifiad gawsom ohonynt cyn cychwyn, ac yr oeddem yn bur ddibryder yn teithio ôl a blaen dros y paith.

Yn y cyfamser aeth un ar neges i Porth Madryn ar geffyl, sef James Davies, ac ymhen tridiau dychwelodd y ceffyl, ond J. D. ni welwyd mwy, ac ni chanfyddwyd dim oedd yn perthyn iddo er cymaint chwilio fu, a'r teithio ôl a blaen hyd y dydd hwn. Llenor da a bardd urddedig [ydoedd], yn cario'r ffugenw o 'Iago Mawrfryn'.[5] Dyna'r Wladfa wedi colli dau ddyn da ar ei chychwyniad.

Yr adeg yma hefyd yr oeddem dan ddisgyblaeth filwrol y Capten E. C. Roberts unwaith yr wythnos. Yr oeddem yn trefnu hefyd ar gyfer amgylchiad pwysig arall, sef dau bâr yn bwriadu myned i'r stad briodasol ar yr un dydd. Dyma'r briodas gyntaf yn y Wladfa, sef Edwin C. Roberts ac Ann

3 Dichon mai'r rheswm dros yr enw hwn oedd mai Thomas Ellis a'i darganfu. Aeth yr enw yn angof oherwydd nad oedd neb arall yn gwybod pa un yn union oedd y 'graig uchel'.

4 Cawsant eu camarwain gan uchder a nifer y creigiau, a dychwelsant dan gamargraff parthed gallu'r brodorion i gyrraedd y Wladfa. Fel y gwelir yn y bennod hon, ni fu'n rhaid iddynt aros yn hir cyn cael eu dadrithio.

5 James Davies ('Iago Mawrfryn'), brodor o Fryn-mawr. Gweler Pennod 4, nodyn 3.

Jones (merch i John Jones, Mountain Ash), a Richard Jones ac Hannah Davies (merch Thomas Davies, Dyffryn Dreiniog).[6] Yr oedd yr amgylchiad i gael ei ddathlu'n deilwng a mawreddog. Neilltuwyd chwech o'r milwyr i fod ar geffylau a chledd wrth eu hochr, ynghyd â chap o groen estrys gyda llinyn coch i'w sicrhau o dan yr ên, a'r orymdaith i fod o'r hen amddiffynfa hyd i'r Plas Heddwch, tua milltir o ffordd wedi ei baratoi i'r pwrpas.[7] R. J. Berwyn oedd yn cyflawni'r seremoni briodasol.[8] Wedi'r uniad llongyfarchwyd hwy gan y gynnau, a'r meirch yn prancio; a'r marchogwyr a golwg fawreddog arnynt gyda'u capiau pluog a roddodd fynediad iddynt tua'u cartref newydd, a phob creadur yn synnu at yr olygfa fawreddog.

Ar ôl cyrraedd y Plas, cafwyd cinio o'r defnyddiau gorau oedd yn y wlad, a chawsant anerchiadau difyr a phwrpasol gan eu cyfeillion. Wedi'r cinio, tra'n mwynhau golygfeydd o amgylch y lle, yn sydyn canfyddwyd pobl yn dod i lawr y dyffryn, ac wrth syllu'n graff, meddai Edwin, 'Indiaid ydynt, myn gafr! Aed un ohonoch ar unwaith i hysbysu yn Rawson.' Ar yr archiad neidiodd un i'w gyfrwy a gyrrodd nes codi cwmwl o lwch. Gwelai y pentrefwyr ddyn yn gyrru a methent ddeall beth oedd yn bod, a bron cyn iddo gyrraedd gofynnent beth oedd y mater. Ac yntau, a'i wynt yn ei ddwrn, a atebai, 'Mae'r Indiaid wedi dod.'[9] Yna casglodd yr holl dre

6 Cynhaliwyd y briodas ddwbl ar 19 Ebrill 1866, eithr nid dyma'r briodas gyntaf. Yr oedd llawer o briodasau wedi digwydd cyn hynny, ond hon oedd y gyntaf i gael ei dathlu â gwledd. Roedd Ann Jones a Richard Jones yn blant i John a Betsan Jones, Aberpennar.

7 Plas Heddwch: fferm gyntaf Edwyn Cynrig Roberts. Talfyrrodd yr enw i Plas Hedd ar awgrym Michael D. Jones. Yn ddiweddarach daeth y fferm yn eiddo i Lewis Jones, a gadwodd yr enw.

8 Berwyn oedd y Cofrestrydd, a'r Parchedig Abraham Matthews a weinyddodd y gwasanaeth priodasol.

9 Geiriau olaf pennill cyntaf cerdd Berwyn, 'Baled yr Indiaid', a ddyfynnir yma gan Thomas Jones, Glan Camwy. Mae'r faled gyflawn yn adrodd am y digwyddiad hwn yn fanwl. Roedd un o

ynghyd o'r hynaf hyd yr ieuengaf, mewn dychryn a phryder, ac ymhen tua hanner awr cyrhaeddodd dau Indian, sef gŵr a gwraig. A dyna helynt ceisio deall ei gilydd. R. J. Berwyn a Chadfan – â'r Geiriadur Saesneg a'r Ysbaeneg – ofynnent amryw bethau ond ni chaent un atebiad. Ac meddai un wrthynt, 'Gofynnwch iddo oes arno eisiau bwyd.' A dyma droi dalennau'n frysiog nes cael y geiriau '*tiene hambre*'.[10] Nodiodd yr hen ŵr ei ben fel arwydd o'i angen. 'Dyna fo,' medd un, 'oeddwn i'n meddwl y buasai'n deall rhywbeth am fwyd', a chawsant bob i dafell o fara. Ac yr oeddynt yn ei fwyta'n awchus, ac wedi ei orffen cawsant eilwaith a chwpanaid o de; a thrwy hyn yr oeddem yn cydnabyddu â'n gilydd.[11] Daeth y nos ac amser gorffwys, ond nid heb lawer o bryder sut i drefnu ar gyfer diogelwch rhag y brodor. Fodd bynnag trefnwyd iddynt gael un o'r bythynnod, ac er boddhau y gwragedd mwyaf ofnus, rhoddwyd pedwar o wŷr arfog ar wyliadwriaeth drwy'r nos. Ond cysgodd y pâr Indiaid yn ddigon tawel gan ymddiried ynom hyd y bore.

---

ddisgynyddion Thomas Jones yn ei chanu hyd at yr 1960au (ac efallai yn hwyrach na hynny). Gwelir y faled ar dudalen olaf *Yr Hirdaith* (Llandysul 1999 ac, yn cynnwys y fersiwn sol-ffa o'r alaw, ar dudalen olaf argraffiad 2003). Yn anffodus, mae pedair llinell olaf y faled (sy'n sôn am y brodorion yn gwerthu cig i'r Gwladfawyr 'am dorth o fara, a cheffyl braf am dair') wedi bod yn ffynhonnell beirniadaeth annheg ar y Gwladfawyr yn ddiweddar. Nid yw'r beirniaid wedi deall mai ymgais gan y brodorion oedd hon i sefydlu perthynas â'r newydd-ddyfodiaid ac i ennill eu hymddiriedaeth. Parhaodd y drefn hyd nes y dechreuodd ffermydd y Wladfa gynhyrchu, ac o hynny ymlaen talwyd prisiau teg (neu cyfnewidiwyd nwyddau oedd gyfwerth â'i gilydd).

10 *'Tiene hambre?'* yw ffurf gywir y cwestiwn, ond oherwydd bod Cadfan a Berwyn yn dibynnu ar eiriadur, gellir bod yn berffaith sicr mai'r berfenw *'tener'* oedd y gair cyntaf.

11 Sefydlodd yr ymweliad hwn berthynas dda rhwng llwythau'r Pampas (Chiquichano) a'r Tehuelche (Galats) a'r newydd-ddyfodiaid. Tystiai hyd yn oed y Mapuches am onestrwydd y Cymry a bod gwell bargen i'w chael ar eu hymweliadau achlysurol â'r Wladfa nag ym Mhatagones. Parhaodd y trefniant buddiol hwn hyd nes i'r Llywodraeth ganolog fabwysiadu polisi o ddifa'r brodorion – yr hyn a wnaed yn rhannol yn yr 1880au.

Yna wedi tamaid, aeth y ddau i'w taith, a chawsant ychydig o *fariña* a *yerba* i fynd i'w canlyn.[12]

Dyma fel y canodd Berwyn:

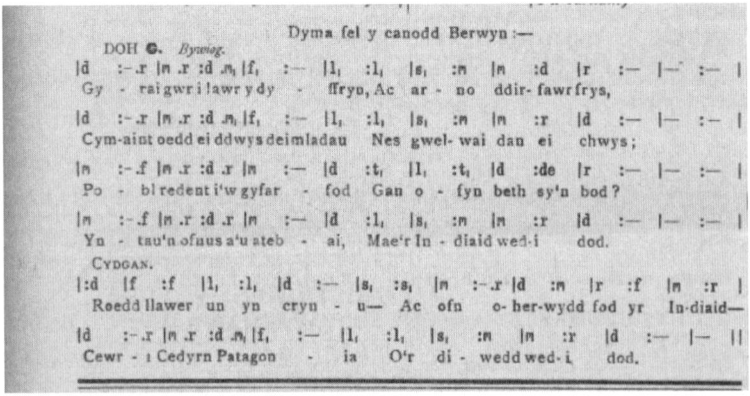

12 *Fariña* a *yerba* (ynganer 'ffarinia a jerfa'). Blawd corn yw *fariña*, a dail te gwyrdd sy'n dod yn wreiddiol o wlad y Gwaraní (sydd wedi ei rhannu rhwng rhanbarthau o'r Ariannin, Paraguay a Brasil) yw *yerba*.

Pennod 11

(*Y Drafod*, 3 Medi 1926)

CYFEIRIWYD O'R BLAEN at ymweliad William Davies ar neges at y Llywodraeth dros y Wladfa,[1] dan yr amgylchiadau oeddynt ynddynt ar y pryd. Yn ystod y tri mis y bu ef yn Buenos Aires, yr oedd llawer o'r teuluoedd wedi symud o'r hen amddiffynfa – rhai i'w ffermydd ac eraill i'r bryniau. Y tŷ cyntaf adeiladwyd oedd Dyffryn Dreiniog;[2] yr ail, pabell hardd wedi ei gwneuthur o garpedi (y rhai oedd ganddynt yn yr Hen Wlad), yr hon oedd wedi ei rhannu'n saith rhan. Fe ddaliodd hon yr holl wyntoedd heb syflyd. Yr adeiladwyr a'r perchenogion oedd y ddau Williams a'u chwaer.[3] Eu tyddyn oedd tua dwy filltir tu isaf i Rawson, lle mae'r afon yn taro ar y bryniau. Rhoddasant yr enw 'Trifa' ar eu tyddyn am mai tri oeddynt. Y tŷ uchaf ar y dyffryn [oedd yr un] adeiladwyd gan John Roberts wrth yr afon ar gyfer Capel Moriah.

Pan oedd pawb yn byw yn yr hen amddiffynfa, cafwyd llawer o golledion trwy dân a thrwy ddwfr, gan fod y tai

---

1 Cyfeiriad at ymweliad y Llywydd â Llywodraeth yr Ariannin yn Buenos Aires.

2 Dyffryn Dreiniog: aelwyd Thomas Davies ac Eleanor Jones (a phlant y ddau, gan gynnwys Thomas Jones, Glan Camwy).

3 Watkin William Pritchard Williams, Watkin Wesley Williams ac Elizabeth Louiza Williams, brodorion o'r Bermo a disgynyddion i deulu o adeiladwyr llongau. Roeddynt wedi symud i Benbedw cyn allfudo.

mor agos y naill i'r llall, a chan fod amryw o'r bythynnod yn yr hen ffos.[4] Fe lawiodd yn drwm un noswaith, nes llanw y llefydd gwag oedd rhwng y bythynnod, a chan mai hesg wedi ei blastro â mwd oedd y parwydydd, yr oedd y dwfr wedi torri i fewn i bedwar tŷ'r un noswaith. Yr oedd un dyn wedi cymryd ei wraig ar ei gefn i geisio lloches yn un o'r tai wrth ochr y bryniau, a phan ddaeth yn ei ôl i'r tŷ, yr oedd y plentyn yn cysgu a'r gwely'n nofio odano, a'r gath yn ei ymyl. Pe buasai wedi bod ychydig funudau'n hwy, buasai'r plentyn wedi boddi. Dealled Richard Jenkins mai ef oedd hwnnw.[5]

Un bore Saboth, pan oedd y bobl wedi dyfod i'r gwasanaeth, dyna waedd –'Tân! tân!! tŷ Edward Price ar dân!' (sef tad Edward Price, ieu.). A'r peth cyntaf a wnaeth oedd torri twll trwy y pared, ac ymhen ychydig eiliadau roedd y dwfr wedi llanw y lle. Gofynnwyd iddo pam yr oedd yn gwneuthur felly. Dywedodd yntau, 'Gallaf gael rhywbeth ar ôl dwfr, ond dim ar ôl tân.' Golwg torcalonnus oedd gweled llyfrau, wedi bod yn y dwfr a'r llaid, yn hollol ddiwerth, a llawer o ddilladau gwerthfawr wedi mynd i'r elfen dân.

Yn y dyddiau hynny pan i lawr ar lan y môr, gwelem long yn cyfeirio am yr afon. A chan fod y gwynt yn ffafriol iddi, daeth i fewn ar ei hunion, ac yn ei blaen yr aeth heb aros dim nes cyrraedd yr hen amddiffynfa. Daeth i ymyl y lan, a rhoddwyd planc i groesi o'r llong i'r geulan. A'r peth cyntaf a welem oedd dyn dieithr yn dyfod i'r lan heb ddywedyd gair wrth neb, a'r peth cyntaf a wnaeth [oedd] cymryd gafael mewn dyrnaid o bridd, ac meddai, 'Mae gennych chwi y priddyn gorau ar ddaear Duw. Y peth sydd

4 Bwriad Henry Libanus Jones pan agorodd y ffos o amgylch y gaer oedd cadw'r brodorion allan. Dichon na freuddwydiodd y gwnâi neb adeiladu cartrefi cyntaf gwladfa Gymreig ynddi.

5 Mab y chwedlonol Aaron a Rachel Jenkins.

arnoch [ei] eisiau, bobl, ydyw glaw. Mae arnaf ofn nad ydych yn delio â'r *Weather Office*. Mae'n ddigon hawdd ei gael ond i chwi anfon i'r *Weather Office* i ofyn amdano.' Hen frawd oedd hwn a'i gartref yn y Taleithiau Unedig, wedi bod trosodd yn yr Hen Wlad yn ceisio am ail wraig, ac wedi priodi chwaer i'r wraig gyntaf, dynes ieuanc tua un ar hugain oed. Yr oedd ef yn chwe deg oed, wedi dyfod am ei fis mêl i Patagonia.[6] Cafodd ef a'i wraig gartref yn y babell ar y bryn, sef y Trifa. Nis gallasai gael ei well yn y Wladfa a chyda theulu mwy croesawus. Bydd gennym air ymhellach ymlaen am y ddau deulu hyn.

Hon oedd y llong y daeth William Davies ar ei bwrdd o Buenos Aires gyda llwyth o fwyd. Cafodd William Davies groesaw a derbyniad anrhydeddus gan Doctor Rawson ac aelodau eraill y weinyddiaeth, ac hefyd gan y masnachwyr. Rhoddodd Denbigh[7] gan punt at brynu llong, a rhoddodd y Llywodraeth gan punt, a chafwyd addewid am fenthyg cant a deugain y mis hyd gynhaeaf 1867, yr hyn oedd [ymhen] tua naw mis, fel y tybid yr adeg honno; a chafodd addewid am ragor o anifeiliaid, y rhai oedd yn brin yn y lle. Cafodd dderbyniad croesawus gan y Gwladfawyr pan roddodd adroddiad o'r llwyddiant a'r addewidion am y dyfodol. Yn awr yr oedd pawb wedi cael adfywiad at weithio. Aethpwyd yn gwmnïau bychain i aredig. Nid oedd ond wyth o geffylau yn y lle allasai weithio, a thrafferth fawr a gafwyd gan y rhai hynny. Felly, nis gallesid aredig ond ychydig ar gyfer pob teulu. Yr oedd rhai yn ceibio a phalu.

Bûm yn sôn am yr hen Jerry hwnnw ddaeth o Patagones. Yr oedd wedi bod ar y llong fach dair gwaith yn Patagones, a'r tro diweddaf daeth â phlanhigion *poplars* yn ôl. Yr oedd

6 H. R. Hughes, Cymro oedd wedi ymfudo i Wisconsin.

7 Denby yw sillafiad cywir cyfenw'r masnachwr ac enw'r llong.

wedi rhannu rhai ohonynt ac wedi myned â'r gweddill i'r Drofa tu arall i'r afon, sef ar dyddyn Berwyn. Ac y mae holl blanhigfeydd y dyffryn a'r cylchynion yn Patagonia wedi dod o'r planhigion hynny, ac heddiw gwneir defnydd mawr ohonynt, fel pyst a phlanciau, &c.[8] Ni ddaeth Jerry druan yn ôl y noson honno, ond cafwyd y cwch drannoeth yn wag. Cesglir mai boddi wnaeth. Yr oedd yn ei fwriad ffurfio cwmni i fyned i edrych am y guddfa aur ddywedid sydd ar draethell ddeheuol Bae San José, neu tu gogleddol y Valdés. Mae stori'r aur yn rhy faith i'w hadrodd yma.[9]

8 Bu'r coed yn gyfrwng gwerthfawr i gysgodi caeau'r ffermydd rhag gwyntoedd cryfion Patagonia am bron i ganrif a hanner. Gwaetha'r modd, torrwyd nifer mawr ohonynt yn ddiweddar oherwydd eu bod, wrth daflu cysgod dros y rhannau o'r caeau sydd agosaf atynt, yn arafu tyfiant yn y mannau hynny. O ganlyniad, mae tirwedd Dyffryn Camwy yn newid yn raddol ond yn barhaus.

9 Ymddengys i Thomas Jones, Glan Camwy, anghofio am yr addewid hwn gan na ddychwelodd at stori'r aur. Ni rannodd Jerry ei gyfrinach, a does neb a ŵyr bellach ymhle y mae'r trysor wedi ei guddio. Ar Jerry, gweler Pennod 3, nodyn 6, a Phennod 8, nodyn 7.

Pennod 12

(*Y Drafod*, 10 Medi 1926)

ERBYN HYN YR oedd yr hen frodor Francisco a'i deulu a'i stoc wedi dychwelyd atom. Enw'r mab oedd Cancahuel, ac enwau'r merched oedd Agar yr hynaf, a Mariana'r ieuengaf. Yr oedd Mariana'n ferch luniaidd o gorff a theg ei gwedd, gymaint felly nes denu serch un o feibion y Trifa! A thybiai pe llwyddai i'w hennill y byddai o fantais i'r Wladfa; ac er cyrraedd yr amcan, ymdrechodd ddysgu'r Ysbaeneg a'r Tehweltsaeg (iaith yr Indiaid), fel y gallai dynnu sgwrs gyda Mariana, a mwynhau cwmni ei gilydd. Ac fel y llwyddai i ddysgu, elai i gael ambell sgwrs gyda'r hen bennaeth, a winc ar Mariana'r un ffordd, &c. Ac un diwrnod gwahoddodd yr hen bennaeth a'i deulu am dro i'w babell i'r Trifa, er dod i gydnabyddiaeth a chyfeillgarwch pellach â'r teulu ac er [mwyn] i Mariana dlos weld ei etifeddiaeth deg; ac o bosibl y byddai hynny'n foddion iddo wthio'i hun yn ddyfnach i'w serch, &c.

Daeth y dydd, ac aeth yr hen bennaeth a'i wraig ac Agar i ateb y gwahoddiad, ond gadawyd Mariana gartref er mawr siom i'r llanc cariadus! Ac ymhlith pethau eraill o sgwrsio, rhoddodd yr hen bennaeth ar ddeall iddo fod Mariana'n werth hanner cant o gesig, ac yntau druan heb gymaint ag un gaseg yn ei feddiant. Ond gallesid gwneud bargen rhatach am Agar, ond nid hyhi oedd gwrthrych ei serch.

Onid oedd tebygrwydd yn yr ymdriniaeth rhyngddynt ag oedd rhwng Jacob a Laban?[1]

Tua chanol mis Gorffennaf yn y flwyddyn 1866, ymwelodd y rhyfel-long Brydeinig o'r enw *Triton*, o dan lywyddiaeth y Capten Napier, R.N. Daeth ef, ac hefyd un swyddog Archentaidd,[2] ac eraill o swyddogion oddi ar fwrdd y llong, ac yn eu plith y meddyg.[3] Rhoddodd ef enwau Saesneg ar y meddyginiaethau oedd yn y gist feddygol, ac hefyd at ba glefydau yr oeddynt i'w defnyddio. Buont yma am wythnos, a buont yn ymweled â phob teulu, a byddai llawer yn cwyno wrth y meddyg nad oeddynt yn cael dim te na choffi i'w yfed. Gofynnai iddynt, 'Beth ydych yn yfed?' 'Coffi haidd', meddent hwythau. 'Wel,' meddai ef, 'daliwch ato. Mae'n llawer gwell na the.' Rhoddasant

1 Gweler Genesis 29:18–30 yn y Beibl.

2 Antonio Álvarez de Arenales, a oedd yn dirprwyo ar ran y Gweinidog Guillermo Rawson.

3 Nid yw'r awdur yn enwi'r meddyg, eithr yn 'Correspondence respecting the Establishment of a Welsh Colony on the River Chupat, in Patagonia' (sef casgliad o lythyrau a dogfennau a gyflwynwyd i ddau dŷ Senedd y Deyrnas Unedig a anfonwyd yn wreiddiol gan amryw o swyddogion y Llywodraeth Brydeinig a'r Llynges at awdurdodau perthnasol rhwng 31 Gorffennaf 1865 a 6 Mawrth 1867: Llyfrgell Genedlaethol Cymru – Parliamentary Report 1867 [3946] XLIX: https://www.llyfrgell.cymru/catalogau-chwilio/help-i-chwilio/rhestrau-darllen/y-wladfa-gymreig), gwelir neges ddyddiedig 2 Gorffennaf 1866 oddi wrth George Bolster, meddyg cynorthwyol y *Triton*, sy'n cyflwyno adroddiad ffurfiol (ond eithriadol o gryno) i'r Capten am gyflwr iechyd y Gwladfawyr, a chyfeirio ato ef y mae Thomas Jones, Glan Camwy, yma. Barn George Bolster oedd bod iechyd yr ymfudwyr cystal ag y gellid disgwyl o dan eu hamgylchiadau. Tueddai rhai ohonynt, meddai, i ddioddef o'r llwg (*scurvy*), a amlygid gan feddalwch eu deintgig, a bod hynny yn ei dro yn llacio eu dannedd. Hefyd, roedd llawer yn dioddef o gosi. Er na roddodd y meddyg esboniad am hynny, mae lle i gredu bod chwain yn broblem enfawr yn nhai elfennol y sefydliad am o leiaf y degawd cyntaf. Degawd yn ddiweddarach, byddai T. G. Pritchard yn cyfeirio'n aml at y diflastod hwnnw yn ei lawysgrif 'Hanes fy nhaith o Pittsburgh Pa. i Patagonia' (trawsgrifiad y diweddar Tegai Roberts, Amgueddfa'r Gaiman). Ac eithrio hynny, meddai'r meddyg, '*the health of the Colony is all that can be desired*'.

oddi ar fwrdd y llong wlanen ac esgidiau i'r pwyllgor i'w rhannu i'r rhai mwyaf anghenus, gan fod llawer wedi colli eu heiddo trwy wahanol ddamweiniau.

Un diwrnod pan oeddynt yn paratoi i ymadael, dyma newydd yn dyfod fod llew wedi ymosod ar un o'r enw Evan Davies.[4] Y ci wnaeth ei achub, onid e buasai wedi ei ladd. Fe aeth cwmni o un deg un i chwilio am y llew. Aethant at y tŷ, yr hwn oedd yr ochr ddeheuol [i'r afon] ar gyfer Glyn Du, ac wedi iddynt ffurfio'n gylch o gwmpas y fan, daeth y llew allan o'i ffau. Taniwyd deg ergyd ato, a phan oedd yn cael yr unfed ar ddeg, rhoddodd lam at y person diweddaf a daniodd, yr hwn oedd Gruffydd Solomon, a syrthiodd i lawr wrth ei draed yn farw; a daethant yn eu holau wedi cael eu boddhau'n fawr wrth hela'r llew Patagonia a'i ladd. Trannoeth aethant yn ôl i'r llong wedi derbyn ein dymuniadau a'n diolchgarwch iddynt.

Stori'r Indiaid. Ar ôl i'r hen Francisco a'i deulu ddyfod i lawr, fe ddaeth tua thri chant rhwng gwragedd a phlant: un llwyth yn gwersyllu wrth y lle a elwir Plas Heddwch; y llwyth arall ar gyfer yr hen amddiffynfa ar dyddyn Berwyn – tu deheuol – a ninnau fel diadell fechan rhwng cewri Patagonia. Yr oeddynt yn peri llawer o bryder ac ofn tra buont yn ein plith. Ar y cyntaf yr oeddynt yn dyfod i'r tai yn bur hyf, ond daethant yn well. Yr oedd William Davies, y Llywydd, yn cael trefn pur dda arnynt. Pan fyddent yn dyfod o gwmpas ar y Sul, rhoddodd ar ddeall i'r penaethiaid nad oeddynt i ddyfod o gwmpas ar y Saboth, a chadwasant yn bur dda rhag dyfod. Yr oedd y dynion yn gorfod bod adref am tua dau fis yn ystod yr amser hynny. Cafwyd rhai ceffylau ganddynt am fantelli

4 Roedd Evan Davies, ei wraig Ann a'u merch fach, Margaret Ann, wedi ymfudo o Aberaman. Ni ddioddefodd yntau anaf yn yr ymosodiad dan sylw. Bu farw'r plentyn pymtheg mis oed ym Mhorth Madryn, 6 Awst 1865, ychydig dros wythnos wedi'r glanio.

(*shawls*) oedd gan rai gwragedd i'w hepgor.

Ond yr amser a ddaeth i'r hen frodorion ymadael. Y llwyth ochr ogleddol aeth gyntaf i'r camp, yna'r un deheuol. Cafwyd ar ddeall fod pedwar o geffylau wedi cael eu lladrata. Yr oedd un tent ar ôl, sef un y pennaeth Wethican.[5] Rhoddodd William Davies orchymyn iddo nad oedd i symud nes cael y ceffylau yn ôl. Dywedodd yntau y buasai'n rhoddi benthyg ceffylau iddynt i ddyfod gydag ef ar ôl y lladron. Felly cytunwyd, ac aethant mor belled â'r lle a elwir Llynnoedd yr Indiaid, ar yr ucheldir tu deheuol [i'r afon], ac yno'r oedd yr Indiaid yn gwersyllu. Yna cafodd y pennaeth fyned at y tentiau tra'r oedd ei deulu'n aros gyda'r milwyr, sef y Cymry, hyd nes y delai'r ceffylau a ladratawyd yn ôl. Pan oeddynt yn aros yn y fan honno, daeth Indian atynt, gan erfyn arnynt i agor ei frest iddynt gael gweled ei galon pa mor lân yr oedd. Daeth yn agos at un oedd â gwn wedi ei lwytho â *shots*, a phan yr oedd yn ymyrryd â'r *trigger*, aeth yr ergyd allan, ac fe gafodd un siotsan yn ei frest, a phan welodd ychydig bach o waed, rhedodd am y tent a gorweddodd i lawr; a phwy oedd y lleidr ond ef. Yr oedd wedi anfon y ceffylau dros y bryn o'r golwg pan welodd y milwyr yn dyfod, ond daethant â'r ceffylau'n ôl, a diolchwyd i'r pennaeth, a chafodd yntau ei geffylau'n ôl. Wethican oedd yr un y daeth Capten Musters gydag ef o Santa Cruz. Darllener hanes Musters; ceir gweled fod yr hen bennaeth yn ddyn ffyddlon i'w air.[6]

5 Dywed Dr Fernando R. Coronato yn *Historia de los Comienzos de la Colonia en la Patagonia* (sef cyfieithiad i'r Sbaeneg o erthyglau Thomas Jones, Glan Camwy), a gyhoeddwyd gan Fundación Ameghino yn 1998, mai barn yr arbenigwr ar frodorion Patagonia, Rodolfo Casamiquela, oedd mai'r *cacique* (pennaeth) Orqueque oedd y gŵr hwn.

6 George Chaworth Musters (1841–79) – Sais a fu'n archwilio rhannau o Batagonia, gan dreulio tua blwyddyn ymhlith aelodau o'r llwythau Tehuelche a Pampas. Cyhoeddodd gyfrol yn dwyn y teitl *At Home with the Patagonians: A Year's Wanderings over Untrodden*

Yn ystod y misoedd dilynol, yr oedd y llanerchi a heuwyd wedi gwywo, sef gwenith, haidd a hadau gerddi, oddigerth ychydig lle'r oedd y llanw'n dyfod dros y lle. Ar ôl pob ymdrech, methiant fu. Yr oedd pawb wedi digalonni, wedi gweithio'n galed am ysbaid yn agos i ddwy flynedd, a hynny o dan lawer o anfanteision. Yr oedd llawer yn gweithio ar hanner digon o fwyd, darn o fara deirgwaith y dydd, a phrin iawn oedd hwnnw, er fod y Llywodraeth yn cyfrannu 140 punt yn y mis. Yr oedd y swm hwnnw'n myned trwy wahanol ddwylaw, fel pan gyrhaeddai ei werth i'r Gwladfawyr, bach oedd eu cyfran.[7] Yr oedd cyfran pob un yn cael ei roddi allan bob dydd Gwener, ac erbyn nos Fercher yr oedd llawer wedi gorffen eu cyfran, yn enwedig lle byddai llawer o blant yn y teulu. Pe buasai'r holl ddagrau a gollwyd oherwydd angen bwyd wedi eu costrelu, buasai'n swm pur fawr.

Yr adeg honno galwyd cyfarfod o'r holl Wladfawyr, ac yn y cyfarfod hwnnw dewiswyd wyth o bersonau i fyned i fyny'r wlad i edrych a oedd gwell lle na'r dyffryn hwn, ac aethant yn y dyddiau dilynol.[8] Ceir gair eto am eu taith.

Ground from the Straits of Magellan to the Río Negro (1871).

7 Mae hyn yn esbonio'r gwahaniaeth rhwng canfyddiad swyddogion y Llywodraeth yng Ngweinyddiaeth y Fewnwlad, a bwysleisiai eu cefnogaeth i'r Wladfa, a phrofiad negyddol y Gwladfawyr, na welai ond cyfran fechan o'r arian a anfonid atynt.

8 Cynhaliwyd y cyfarfod hwn yn union wedi Nadolig 1865, pryd y cytunwyd i anfon wyth o ddynion ifainc ar daith archwiliol tua'r gorllewin.

Pennod 13

(*Y Drafod*, 17 Medi 1926)

DYCHWELODD Y CWMNI [o] wyth yn eu holau ar ôl bod i ffwrdd am bythefnos. Digalon oedd eu hadroddiad am yr hyn a welsant. Dywedent nad oedd ond creigiau ac ambell i lannerch ar hyd glan yr afon, ac nad oedd yr oll ond diffeithwch. Tybient eu bod wedi teithio tua chan milltir i fyny i ganlyn yr afon, ac yn ôl eu barn hwy, nad oedd yn werth i neb i feddwl sefydlu arno. A chan fod methiant wedi bod yn ystod y ddau dymor, yr oedd pawb wedi digalonni.

Galwyd ar yr holl Wladfawyr ynghyd i gael eu barn, a daethant i'r penderfyniad unfrydol mai myned i ffwrdd i ryw wlad arall oedd orau mor fuan ag oedd bosibl. Ac yna gofynnwyd barn pob un, i ba le i fyned – rhai am fyned i Awstralia, eraill i'r Unol Daleithiau, eraill i'r Taleithiau Archentaidd, un am fyned i'r Hen Wlad. Wrth weled cymaint o wahanol farnau, dywedai William Davies [ei] bod yn bwysig i'r Gwladfawyr fod yn unol a nodi un lle, yn lle gwasgaru, a'i farn ef oedd ceisio gan y Llywodraeth Archentaidd ein symud i rai o'r taleithiau eraill, a daethpwyd i'r un penderfyniad.

Ond pa fodd i fyned i Buenos Aires ynglŷn â'r amgylchiad oedd gwestiwn arall, gan fod y llong fach wedi derbyn niwed mawr wrth ddyfod i'r afon ar ei thaith ddiweddaf o Patagones.[1] Yr oedd un ochr iddi wedi cael ei dryllio fel nad oedd neb yn meddwl ei gweled byth mwyach yn nofio. Beth oedd i'w wneuthur? Nid oedd neb yn gwybod y ffordd dros y tir i Patagones. Ceisiodd William Davies gan y seiri ac Edward Price i fyned i edrych y llong fach oedd ar y traeth, i gael eu barn a oedd yn bosibl ei thrwsio, a daethant yn ôl ag adroddiad ffafriol y gallesid ei thrwsio, ond bod yno waith o leiaf am ddau fis; a chan fod yno hen long ddrylliog yn ymyl, galwyd ar bawb i ddyfod yn eu tro i gynorthwyo, rhai i dynnu'r planciau a'r haearn o'r hen long, eraill yn gwneuthur siarcol i'r gof.[2] Yr oedd Price yn ddyn medrus fel gof a ffiter, a'r seiri nis gellid cael eu gwell, fel y profodd eu gwaith ar y llong fach.

Ar ôl gorffen y gwaith o drwsio, y nesaf peth oedd ei chael i'r afon, a mawr oedd y llawenydd fod gobaith eto am gyfundeb â'r byd oddi allan. Wedi cael popeth yn barod, fe aeth deuddeg ar ei bwrdd. Rhwng dwylaw y llong, cyraeddasant Buenos Aires ar yr wythfed dydd ar ôl gadael afon Chubut. Yn y cyfamser yr oedd yn ddealledig fod y Gwladfawyr i symud i Madryn, i fod yn barod erbyn delai y llong i'n cyrchu i ffwrdd, ac yna'r oedd pawb yn brysur yn dechrau ar y gwaith mawr ac helbulus o gario eu clud dros y camp i Madryn. Pedair trol oedd yn y lle: Cadfan Hughes,[3] Edward Price, Thomas Davies a Gruffydd Hughes; eraill, car llusg a cheffylau.[4] Trafferthus oedd y

1 Y *Denby* oedd y llong fechan hon. Darparwyd hi gan J. H. Denby, masnachwr Prydeinig o Buenos Aires, aelod o Gwmni Thomas Duguid, cwmni a gymeradwywyd gan S. R. Phibbs, Conswl yr Ariannin yn Lerpwl, fel un a fyddai'n addas i weithredu fel asiant dros y Wladfa yn y brifddinas.

2 Y seiri oedd Hugh Hughes Cadfan, Maurice Humphreys, Rhydderch Huws a John Williams. Edward Price (y tad) oedd y gof.

3 Adeiladodd Cadfan ei drol ei hun, ac mae ei gweddillion i'w gweld o hyd yn amgueddfa Urdd y Salesiaid yn Rawson.

4 Nododd Cadfan iddynt fod wrth y gwaith dros gyfnod o ddeufis. O ganlyniad, meddai, roedd wedi colli ei gynhaeaf. Roedd ei geffylau

symud, gan nad oedd defnyddiau pwrpasol at wneuthur troliau. Buom tua chwe wythnos cyn cael yr holl glud i Borth Madryn. Yr holl anifeiliaid oedd un deg naw o wartheg ac ugain o geffylau.[5]

Ar ôl cyrraedd yno, gorfu i bob un wneuthur rhyw fath o fythynnod i'w teuluoedd i gael lloches rhag y tywydd, gan na wyddent pa bryd y deuai y llong i'w cyrchu i ffwrdd. Torrodd dau berson le yn y bryn, y rhai sydd i'w gweled yn bresennol; eraill yn tynnu planciau o'r hen long ddrylliog oedd yno.[6] Cafwyd amser difrifol tra'n aros yno am ddeufis. Gan fod llawer yn sôn am yr ogofeydd sydd yr ochr arall i'r bryn sydd yn gwynebu am y Valdés fel lle bu'r hen Wladfawyr yn aros pan y glaniasant, gwneled y cyfryw rai ailfeddwl cyn llefaru dim o'r fath beth eto. Lle cymwys i bysgod ddyfod am dro pan fydd y llanw i mewn [ydynt]. Bydd yno'r amser hwnnw tua mydr o ddwfr – yn sicr nid lle cymwys i fodau dynol yw lle felly.

Tra y buom yn aros yno, cawsom eira trwm.[7] Er fod

---

wedi pori ei wenith '...am nad oeddwn yn gallu edrych ar eu hôl'.

5 Byddai'r nifer hwn wedi bod yn llawer uwch oni bai bod rhai ffermwyr wedi lladd eu hanifeiliaid cyn gadael y dyffryn, heb rag-weld y posibilrwydd y byddai'n rhaid iddynt oedi yn hir yn y bae cyn i'r llong a oedd i'w cludo i Santa Fe gyrraedd y bae (ac ni chyrhaeddodd fyth).

6 Er nad dyna oedd bwriad Thomas Jones yma, mae geiriad y frawddeg hon yn cadarnhau nad adeiladodd Edwyn Cynrig Roberts gartrefi yng ngheudyllau Penrhyn yr Ogofâu yn 1865 ar gyfer mintai'r *Mimosa*. Petasai hynny wedi digwydd, dichon y byddai Thomas Jones, Glan Camwy, wedi cyfeirio yma at dyllau 'ychwanegol'. Mae ysgrif gan R. J. Berwyn sy'n dwyn y pennawd 'Ein preswylfeydd' (yn *Y Brut* ac yna yn *Y Drafod*, 12 Hydref 1893) yn nodi mai yn 1867 yr adeiladodd y Gwladfawyr dai mewn ceudyllau am y tro cyntaf. Gweler Pennod 4, nodyn 9.

7 Mae gan Berwyn adroddiad hynod o gofiadwy am noson lawen a gynhaliwyd mewn pantle rhwng y twyni tywod i ddathlu Gŵyl y Glaniad 1867 (*Y Drafod*, 1 Awst 1913). Roedd hi'n bwrw eira ar y pryd. Cymaint oedd yr hwyl a gwres y cyrff yn sychu'r plu gwyn, doedd neb wedi sylwi ar y tywydd. Syndod i bawb wrth iddynt gerdded yn ôl i'w llochesi ar ddiwedd y noson oedd gweld y wlad o'u

y tywydd yn ddrwg, yr oedd gennym ddigon o goed tân a bwyd, gan fod llawer yn lladd y gwartheg ac hefyd yn cael ambell i helfa o wlad fras 'David Jones', sef pysgod a chregyn. Felly'r oedd pawb yn eu llawn waith ynglŷn â diddosi'r bythynnod a chario coed tân a gofalu am yr anifeiliaid, y rhai oedd rhyngom â'r gwaethaf, gan na wyddem pa bryd y deuai y llong, ac hefyd beth allasai ddigwydd i'r llong fach. Disgwyl yn bryderus oeddem am gael rhyw newydd, a beth oedd ein tynged i fod yn y dyfodol. Rhaid oedd aros i gael gwybod.

cwmpas yn wyn dan eira.

Pennod 14

(*Y Drafod*, 24 Medi 1926)

DYCHWELODD TRI O'R cenhadon yn ôl wedi bod yn Buenos Aires, sef [y] Parch. Abraham Matthews, [y] Bwyr Edwin Roberts, Richard J. Berwyn, ac hefyd Lewis Jones, gan osod [y dewis canlynol] gerbron y Gwladfawyr: yn gyntaf, trefnu ein symud i dalaith Santa Fe; ail, symud i Patagones; trydydd, cais oddi wrth Dr Rawson trwy Lewis Jones, sef am roddi blwyddyn arall o braw yn Chubut, gydag addewid y rhoddai ef hadyd a bwyd, ac os aflwyddiannus fyddai'r praw, yr anfonai long i'n cyrchu i Santa Fe.

Yn awr, dyma'r storm a'r taranau'n dechrau; pa reswm oedd ceisio troi'n ôl i'r lle'r oeddem wedi bod am ddwy flynedd bron yn llwgu. Wedi llawer o siarad brwd, penderfynwyd trwy bleidlais, 44 am fyned i ffwrdd (rhai i Patagones, eraill i Santa Fe) a'r gweddill yn ôl i Chubut. Drwy gyfrif y rhai aeth i ffwrdd o'r blaen, a'r rhai fu farw, sef 16, [roedd hynny] yn gwneuthur y cyfanswm yn 60. Ganwyd yn ystod y ddwy flynedd 21, o ba rai bu farw 5. Dyma ni ymhen y ddwy flynedd yn paratoi i ailgychwyn o dan amgylchiadau pur wahanol i'r tro cyntaf. Yr oedd gobaith am gyflawniad yr addewidion osodasid o'n blaen yn peri bod pawb yn galonnog yr adeg honno i fyned tua Chubut, ond yn awr dyma ni'n troi'n ôl a rhan fawr o'r fintai'n ymadael. Nid oedd ein rhif ond 18 o ddynion allasai gario arfau tân fel moddion amddiffynnol yn dychwelyd yn ôl.

Symudwyd yn ôl trwy ddefnyddio'r un moddiannau cludo, sef pedair trol fach a'r car llusg, ac eraill yn marchogaeth ar gefnau ceffylau. Yr oedd llawer wedi lladd eu gwartheg tra'n aros ym Madryn. Buom dair wythnos yn symud yn ôl, a'r peth cyntaf welsom ar ein dychweliad [oedd] bod ein holl annedd-dai oddigerth dau wedi eu llosgi gan yr Indiaid. Yr oeddynt wedi dyfod i lawr pan oeddem ym Madryn, ac yn eu dialedd wedi gosod y tai ar dân. Yr oeddynt yn anfoddlawn i ni fyned i ffwrdd. Yr oeddynt yn gwersyllu yn Punta Ninfas[1] pan oeddem ni ym Madryn, a daeth y pennaeth a rhai o'i ddynion i fyny atom, a chynigiodd roddi benthyg ceffylau i'n symud yn ôl, ond ni ddywedasant air eu bod wedi llosgi'r tai.[2]

Wedi i bawb adeiladu eu tai yn yr un lle, sef Rawson, aeth pawb ati i hau ei gyfran hadyd, yr hyn oedd tua 10 cilo ar gyfer pob tyddyn. Yr oedd erbyn hynny'n fis Tachwedd. Heuodd rhai ar lan hen ffosydd naturiol, eraill lle'r oedd y llanw'n dyfod trosodd. Cododd yr afon yn bur uchel a daeth i fewn i'r ffosydd naturiol.[3] Cafwyd peth gwenith ar y llanerchi hynny er ei bod yn ddiweddar. Heuodd Aaron Jenkins ar y tir du, ochr uchaf i dŷ Evan

---

1 Saif Punta Ninfas yn ne-ddwyrain y Bae Newydd, nid nepell o Port Harbour, sef y man lle glaniodd y *Mimosa* a'r man lle gwersyllodd y Gwladfawyr.

2 Roedd yna ddau brif lwyth yn ymweld yn rheolaidd â'r Wladfa yn y cyfnod hwn, sef a) y Pampas (neu Tehuelches y gorllewin – teulu'r pennaeth Juan Chiquichano) a drigai yn yr Andes, a b) Tehuelches y pennaeth Galats, a oedd yn byw yn fwy i'r de, yn nhalaith Santa Cruz. Y tebygrwydd yw taw y Pampas a gyflawnodd y weithred hon ac mai'r rheswm na ddywedodd Galats air am y llosgi oedd na wyddai unrhyw beth amdano tan iddo weld y dinistr pan ddychwelodd o'r bae ar ei ffordd i'r de.

3 'Ffosydd naturiol': dyna oedd enw'r Gwladfawyr ar hen welyau'r afon.

Davies, Neuadd Lwyd, a thorrodd ffos i'w ddyfrhau.[4] Darn bach oddeutu chwarter erw ydoedd, a chafodd well cnwd yn ôl mesur arwynebedd nag un lle arall, ac felly canfyddwyd bod y tir du'n abl i gynhyrchu cnydau ond cael ei ddyfrhau. Rhoddodd hyn syniad newydd am y dyffryn fel tir cymwys i amaethu – ac hefyd gan nad oedd ond ychydig o geffylau wedi arfer gweithio, ac y gallesid ei hau heb ei aredig trwy ei lyfnu'n unig, a chan fod amryw o'r ceffylau wedi arfer tynnu wrth ei *cincha*, ac felly'n abl i dynnu oged ysgafn.[5]

Anfonwyd hanes y praw hwn i Dr Rawson, Buenos Aires, a chafwyd atebiad yn ôl ac addewid am wartheg, y rhai oedd yn brin iawn yn y lle.[6] Hyd yn hyn, ychydig iawn o enllyn oedd neb wedi ei gael, megis ymenyn a chaws, o'r ychydig wartheg oedd yma, a'r rhan fwyaf ohonynt yn wyllt heb arfer eu godro erioed; ac nid oedd llawer o'r teuluoedd wedi cael yr un fuwch yn ystod y ddwy flynedd a basiodd. Ond pan aeth y rhan arall o'r fintai i ffwrdd, cafodd eraill eu hanifeiliaid. Dyna'r ffordd gymrodd y rhai oedd yn ymadael er talu eu dyledion, sef gadael anifeiliaid ar ôl i'r Cyngor, ac yna ymadawsant gan ganu'n iach i Chubut. A dyma fel y canodd un, sef Robert Meirion Williams:

Meddyliodd plant Gomer yn syber gwir sain,
Sefydlu Gwladychfa i'r Cymry wŷr cain
Ar dir Patagonia er gwella y gwan,
A'i godi o dlodi i'r lan.

4 Hyd at hynny roedd pawb wedi credu bod y tir du a didyfiant yn anaddas, ac wedi osgoi ei drin.

5 *Cincha* (ynganer 'sintsa', h.y. gyda sain yr 'ch' fel yn '*church*'): cengl, tordres.

6 Yn enwedig gan fod y mwyafrif o'r ffermwyr wedi lladd eu gwartheg.

Er taflu yr hadau a'r llysiau er lles
I'r ddaear i dyfu, doedd hynny ddim nes,
Y sychder difaol gwenwynol a gwynt
A'i gwywodd, ni thyfodd fel cynt.

Cytgan:
Gwlad, gwlad, digynnyrch yw fel gwlad,
Diffrwyth, a llwm, bob llam o'r lle;
O'r Gogledd, Dwyrain, De.[7]

Pan ddychwelodd y llong yn ôl o Patagones, daeth dyfudwyr newydd atom, sef Rhys Williams a'i deulu.[8] Daethant hwy o Brasil i Patagones – eu rhif oedd naw – ac hefyd un o'r enw John Griffiths, yr hwn oedd wedi bod ar gamp Buenos Aires am dair blynedd yn bugeilio defaid.[9] Bu'n gaffaeliad mawr i'r Wladfa gael y dyfudwyr hyn atom. Ceir gair eto amdanynt os byw ac iach fyddaf.

---

7 Gosodwyd y geiriau dychanol hyn ar alaw 'Hen Wlad fy Nhadau' – prawf bod y gân a fyddai'n dod yn anthem genedlaethol 'yr Hen Wlad' maes o law, wedi cyrraedd y Wladfa erbyn hynny.

8 Rhys Williams, un o gyn-arloeswyr Gwladfa Brasil. Ymfudodd i'r Wladfa gydag Elizabeth, ei wraig, a saith o blant. Mae'n ddiddorol sylwi i'w merched briodi â phedwar o fechgyn amlycaf y Wladfa: David Jones (sef brawd ieuengaf Thomas Jones, Glan Camwy), Edward Price (y mab), Thomas Tegai Awstin a Thomas Dalar Evans. Daeth Llewelyn Williams, un o'u meibion, yn is-olygydd *Y Drafod*. Priododd ef ag Elin, merch Thomas Jones, Glan Camwy, a bu gan Elin a Llywelyn ran bwysig yn y gwaith o baratoi erthyglau Thomas Jones ar hanes cychwyniad y Wladfa ar gyfer eu cyhoeddi yn *Y Drafod* yn 1926.

9 John Griffiths, Hendrefeinws, Pen Llŷn. Rhagor amdano ef ym Mhennod 16.

Pennod 15

(*Y Drafod*, 1 Hydref 1926)

GAN FOD LLAWER o'r pwyllgor a ddewiswyd yn Lerpwl wedi ymadael, dewiswyd pump o bersonau yn bwyllgor, a Mr Lewis Jones yn Llywydd.[1] Hefyd Ynad Heddwch, ac os byddai achos cyfreithiol yn galw ar wahanol achosion, byddai saith o bersonau yn cael eu dewis at y cynghorwyr i wneud i fyny deuddeg fel Rheithwyr. Hwn oedd y llys barn terfynol ar bob achos. Dyna gnewyllyn o'r wedd lywodraethol.

Wedi cael pethau i drefn, aethpwyd i ddarparu adeiladu capel. Cymrodd pawb ei ran, rhai yn gwneud priddfeini, eraill yn eu cario, a'r ddau saer maen yn eu hadeiladu, sef James Berry Rhys a Richard Hughes. Eraill yn nôl coed i fyny'r afon: aeth tri at y gwaith hwn.[2] Wedi torri'r coed

1 Nid oes cofnod bod Lewis Jones wedi bod yn ymgeisydd am aelodaeth o'r Cyngor yn dilyn helyntion Hydref 1865. Wedi etholiad 1867 (yr unig un i gael ei chynnal y tu allan i Ddyffryn Camwy), penodwyd ef yn gynrychiolydd y Wladfa gerbron y Llywodraeth Genedlaethol yn Buenos Aires, swydd a lanwodd yn anrhydeddus a dewr am flynyddoedd lawer. O ganlyniad, treuliai lawer o'i amser yn y brifddinas. Nododd ef ei hun enwau llywyddion eraill, megis Rhydderch Huws, Cadfan, Thomas Davies, John Berry Rhys, J. H. Griffith a J. C. Evans. Mae Lewis Jones yn cynnwys ei hun hefyd yn y rhestr hon, ond ni ddaeth ei dro nesaf tan rywdro o ganol yr 1870au ymlaen, wedi iddo ailymsefydlu yn y Wladfa. Wedi dweud hynny, nid oes cofnod ar gael heddiw o ganlyniadau pob etholiad, ac efallai fod Thomas Jones, Glan Camwy, yn cofio'n gywir.

2 Sef Thomas Jones ei hun, ynghyd â William R. Jones, y Bala gynt, ac un arall.

a gwneud rafft, aeth y tri ynddi. Wedi cychwyn aethom i bwll tro, a chan fod llawer o'r coed yn hir yr oeddem mewn perigl. Gwelsom fod yn well i rai fyned allan pan fyddem yn agos i'r lan, ac felly aeth y cyntaf i'r lan a rhaff i'w ganlyn, ond dim gwell. Wedi myned i lawr am tua hanner milltir gorfu i'r ail fynd allan, ac yna'r oedd yn myned yn well. Felly aeth y ddau ymlaen am Rawson gan edrych am y rafft a William Jones, gan feddwl ei fod wedi pasio i'r drofa fawr oedd tu isaf. Aethant ymlaen gan edrych amdano nes oedd yr haul bron machlud. Wrth fyned i fyny'r afon gwelem fod y rafft wedi torri, gan fod y coed yn dyfod ar hyd wyneb yr afon. Cyrhaeddodd William Jones ar ei draed a gofynnwyd iddo, pa fodd y daeth i'r lan. 'Ar fy nhraed a'm dwylaw ar waelod yr afon', meddai. Nid oedd neb yn ei gredu, ond eithaf gwir a ddywedodd. Cafwyd profion ar ôl hyn drwy iddo wneud yr un peth [eto].

Daliwyd y rhan fwyaf o'r coed ac yna aethpwyd ymlaen â'r adeilad, pa un oedd yn mesur 12 llath wrth 5 o led. Mae rhan ohono'n aros hyd heddiw, sef yr ail dŷ ar y bryniau yr ochr dde i'r llwybr. Yma yr oeddem yn myned dan ddisgyblaeth filwrol bob nos Fercher, wedi drilio am awr. Byddai dau yn cael eu nodi i fod ar wyliadwriaeth gydag arfau, sef gwn a chleddyf, ac yn cerdded ôl a blaen. Os byddai perigl yr oeddynt i roddi arwydd trwy daro hen danc dwfr oedd wedi ei osod i'r pwrpas. Nid oedd neb yn cyffwrdd â hwn ond y gwylwyr. Yr oedd y wyliadwriaeth yn cael ei chadw'n fanwl ar nosweithiau golau lleuad, ond yr oedd y drilio'n myned ymlaen bob nos Fercher. Y rhai oedd yn myned dan ddisgyblaeth oedd y rhai o 18 oed i 30. Pob un yn cael ei ddisgyblu fel milwr traed ac ar geffylau. Yr adeg yma danfonwyd at y Llywodraeth am arfau a bwledi, a chafwyd yr hen ynnau mawr rheiny gyda bidogau ar eu blaen yn cael eu llwytho trwy'r genau, a'r Br Edwin C. Roberts oedd y Cadben milwrol.

Gan fod addewid am gynhaliaeth am y tymor, disgwylid mewn gobaith am weled llong yn dyfod. Yna trefnwyd i'r llong fach fyned i Patagones, ac erbyn iddi gyrraedd yno nid oedd gobaith. Yna danfonwyd i Buenos Aires i hysbysu Dr Rawson o'n sefyllfa, a chan fod trafnidiaeth forawl yn anaml rhwng Patagones a Buenos Aires yr adeg honno, a'r swyddogaeth wedi bod yn hir yn trefnu ar gyfer yr amgylchiad, aeth pedwar mis cyn cael gweled y llong yn dyfod atom â chynhaliaeth. Nid oedd ond bwyd am fis gennym pan aeth y llong fach i ffwrdd.

Yn yr argyfwng hwnnw, daeth dau Indian i lawr o'r wlad. Gofynnodd Mr Lewis Jones iddynt a fuasent yn ei arwain i Patagones, a dywedasant y gwnaent, ac am iddynt ddyfod i'w canlyn at y llwyth, yna caent drefnu gyda'r pennaeth, sef Juan Chiquichan.[3] Gwnaethant bob brys i fyned i'r daith. Aeth Mri Lewis Jones, Edward Price, Scoti a Porter (dau forwr oedd y rhain).[4]

Yr oedd llong fawr ar ei thaith i Valparaíso gyda llwyth o lo, pan ar gyfer yma aeth ar dân a dihangfa gyfyng gafodd y dwylaw. Daeth chwech yma wedi bod am rai dyddiau yn tynnu am y lan, ac i afon Chubut y daethant. Aeth pedwar o'r chwech i ffwrdd; ond am y gweddill o'r dwylaw, ni wyddom i ba le'r aethant, gan ein bod wedi colli golwg arnynt yn y nos.

Am y cwmni aethant, wedi teithio am ddyddiau, daethant at y llwyth. Derbyniad oeraidd gawsant, pan welsant na chafodd y ddau *chasqui* ddim nwyddau i

3 Juan Chiquichán (neu Chiquichano) oedd pennaeth llwyth y Pampas (neu Tehuelches y gorllewin).

4 Dichon mai wedi dianc o'r llongddrylliad y cyfeirir ato yn y paragraff canlynol yr oedd y ddau forwr hyn.

ddyfod yn ôl i'w canlyn.[5] Yr oeddynt yn teithio i gyfeiriad Maquinchao.[6] Wedi teithio diwrnod, yna yn aros am wythnos i hela, yna diwrnod o deithio, ac felly yn y blaen nes dyfod i olwg Maquinchao, lle'r oeddynt yn cyd-gwrdd i gadw *Camaruco*.[7] Erbyn hyn yr oeddynt yn dechrau ofni bod perigl. Yr oeddynt wedi cymryd y ddau forwr yn weision i gario coed tân. Cawsant ar ddeall na fuasai'r Indiaid eraill yn fodlon eu derbyn. Un diwrnod dywedasant eu bod am ddychwelyd. Dywedai y pennaeth wrthynt, 'Ni ellwch ffindio'r ffordd yn ôl.' Yr oedd gan Edward Price geffyl cyflym, [ac] yr oedd yn dal digon o gig iddynt nes cyrraedd [yn ôl].

Ein sefyllfa ni yma'r adeg honno.[8] Nid oedd gennym ddim ond yr hyn allem [ei] gael trwy hela. Yr oeddem yn gwmni o ddeg, un ceffyl oedd gan bob un, a dau gi rhyngom. Yr oeddem yn hela am bythefnos yn Punta Ninfas, yna'r ochr ddeheuol, sef y tir clir fel ei gelwir, [ac] felly ôl a blaen, a dau ddyn yn cario'r cig adref. Felly buom am dri mis heb gael dim ond cig i'w fwyta a dwfr i'w yfed. Y tro diweddaf y buom yn Punta yr oedd y ceffylau a'r cŵn wedi torri lawr yn hollol. Yr oedd y cwmni arall tua Bryniau Mary, sef cwmni Aaron Jenkins a Griffith Hughes. Dyna pryd darganfyddodd Aaron y llyn sydd ar fin y rheilffordd i Madryn ger y cwar, a elwir ar ei enw, sef Llyn Aaron.

5 *Chasqui*: gair Inca i ddynodi negesydd (math o ddyn post) oedd yn aelod o dîm a oedd yn gyfrifol am gludo negeseuon dros bellter sylweddol (hyd at 240 km y dydd, meddir).

6 Maquinchao (ynganer 'Macintsiáo' neu 'Macintsiáw'): man ger afon yn rhanbarth ogledd-ddwyreiniol yr hyn yw talaith Río Negro heddiw, lle yr arferai rhai o deuluoedd y Pampas dreulio misoedd gerwin y gaeaf.

7 *Camaruco* (ynganer 'Camarwco'): gŵyl a gynhelir gan y Pampas a Tehuelche, sy'n cynnwys defodau crefyddol a seremoni sy'n dynodi bod merch(ed) wedi cyrraedd 15 oed ac felly mewn oedran i briodi.

8 'Ein sefyllfa ni', sef y mwyafrif o'r Gwladfawyr – a oedd yn dal i aros yng Nghaer Antur/Tre-Rawson am ddychweliad yr ymchwilwyr.

Yr unig gi a'u ceffylau hwythau wedi torri lawr, pasiodd amryw ddyddiau yr adeg hon pryd nad oedd cig yn y cartrefi. Eu prif fywoliaeth yr adeg hon oedd gwreiddiau y llysiau elwir 'dail *fariña*' a 'thatws gwylltion'.[9] 'Popeth a rydd dyn am ei einioes.'[10] 'O ble y daw ymwared?'[11]

9 Disgrifia Thomas Jones un o'r nifer o gyfnodau o newyn a ddioddefodd y fintai yn y blynyddoedd cynnar.

10 Job 2:4 yn y Beibl.

11 Salm 111:9: 'Anfonodd ymwared i'w bobl.' Hefyd Salm 130:7: 'Disgwylied Israel am yr Arglwydd, oherwydd y mae trugaredd gyda'r Arglwydd, ac aml ymwared gydag ef.' A hefyd Salm 121:1–2: 'Dyrchafaf fy llygaid i'r mynyddoedd, o'r lle y daw fy nghymorth. Fy nghymorth a ddaw oddi wrth yr Arglwydd, yr hwn a wnaeth nefoedd a daear.'

Pennod 16

(*Y Drafod*, 8 Hydref 1926)

DAETH YMWARED TRWY i fasnachwyr o Patagones ddyfod ag ychydig nwyddau i'w canlyn ar fwrdd y llong fach, gan feddwl eu cyfnewid am grwyn a phlu, ond ychydig o nwyddau oedd ganddynt. Gan hynny cymerodd y Cyngor feddiant o weddill y bwyd gan ei rannu rhwng pawb. Wrth weled sefyllfa druenus y lle, boddlonodd y masnachwyr gymryd papur wedi ei lawnodi gan y Cyngor i'w drosglwyddo i'r Llywodraeth. Felly aethant yn ôl ar fwrdd y llong fach. Enwau'r masnachwyr oedd Domingo a Mascarel.[1]

Gan mai ychydig o fwyd ddaethant gyda hwy, cyn pen pythefnos yr oedd y cwbl wedi darfod, a gorfu troi allan i hela eto. Yn yr adeg honno daeth llong i Madryn gyda gwartheg a cheffylau, hefyd gwenith hadyd a bwydydd, a daeth un o'r enw Harries, yr hwn oedd yn cyflenwi archeb y Llywodraeth.[2] Bu hwn yn Chubut am rai diwrnodiau ar ôl i'r llong ddadlwytho ym Madryn. Yr oedd yr ystordy

1 Dywed Dr Fernando R. Coronato fod Emma Nozzi yn nodi bod Thomas Jones yn cymysgu enwau dau fasnachwr o Patagones, sef Domingo Mascarello a'i fab José María Mascarello.

2 Jorge Harris, masnachwr o Patagones ac un o feibion James Harris (Enrique oedd y llall), brodor o Ben-y-bont ar Ogwr oedd wedi ymsefydlu yn nhref Patagones. Bu'r tri yn barod eu cymorth i'r Wladfa yn ei chyfnod cynharaf. Roedd James Harris wedi marchogaeth gyda Charles Darwin o Patagones i Bahía Blanca yn 1833. '*An Englishman*', meddai'r gwyddonydd amdano.

heb ei symud, ac nis gallasai'r llong hon ddyfod i'r afon. Dychwelodd yn ei hôl, ac addawodd y Br Harries y buasai'n anfon rhagor o anifeiliaid. Cyrhaeddodd y llong fach yn ôl gyda llwyth bach fel arfer. Pan yr ydym yn sôn am wartheg a cheffylau, cofier na chafodd hanner y fintai ddim un ceffyl na buwch. Cyflenwi pennau teuluoedd oedd i fod gyntaf, a phrin y llwyddwyd i wneud hynny yn ystod y pedair blynedd cyntaf.

Wel, am y llwythi bwyd fel y nodwyd, prin iawn oedd i gadw corff ac enaid wrth ei gilydd. Er enghraifft, y blawd – nid oedd y gyfran a roddid yn ddigon am hanner wythnos i deulu lluosog. Blawd wedi ei gludo o Califfornia i Archentina ydoedd, a pha ryfedd ei fod mor brin. Ond am y *charqui*, un o gynhyrchion Archentina, yr oedd digon o hwnnw'n dyfod i ran pob un tra parodd y Llywodraeth i gyfrannu. Yr oedd y Llywodraeth yn rhoi'n anrhydeddus, sef 140 punt yn y mis.[3] Ond yr un drwg oedd yr adeg honno ag sydd eto, sef bod yr arian yn myned trwy ormod o wahanol ddwylaw. Yr oedd rhan ohonynt yn gwaelodi yn rhywle cyn bod eu gwerth yn cyrraedd y Gwladfawyr.[4] Nid oedd yr un archwiliwr yn edrych i fewn i'r cyfrifon, nac un nwyddrestr i ddangos elw a choll, ond derbyn yr elw, sef y bwyd, a chymryd yn ganiataol nad oedd y coll i'w ddatguddio.

Yn canlyn ceir digwyddiadau gymrodd le yn y flwyddyn 1868. Yn ystod y flwyddyn hon, daeth atom ddyfudwyr

3 Y *patacón* (lluosog: *patacones*) oedd yr uned ariannol, llawer is ei gwerth na'r bunt.

4 Roedd y math o lygredd y cyfeiria Thomas Jones ato yma yn llethu'r Ariannin ymhell cyn sefydlu'r Wladfa ac wedi bod yn gyfrwng i lesteirio economi'r wlad (a chlywir lleisiau heddiw yn honni nad yw hi erioed wedi cael ei wared).

newydd, sef y Bwyr John Griffiths[5] a David Williams,[6] ei wraig a'i baban, yr hwn oedd wedi dyfod o'r Unol Daleithiau, a'r baban oedd Mrs Charles Thomas, Trelew; a daeth un o'r Hen Wlad, sef Cadivor Wood.[7] Ac hefyd, fel y nodais o'r blaen, [roedd] teulu'r Br Rhys Williams yn rhifo naw.[8] Felly'r oedd y cynnydd yn un deg pedwar yn y boblogaeth.

Collwyd chwech o'r Gwladfawyr, y rhai oeddynt Capten Neagle, James Jones, Thomas Evans, David Davies, David Jones a George Jones. Yr oedd y llong fach[9] wedi cael ei hanfon i gyrchu ychain gwaith i Patagones, ac er disgwyl

---

5 Roedd John Griffiths, o fferm Hendrefeinws, ger Y Ffôr, wedi cyrraedd yn rhy hwyr i Lerpwl i ddal y *Mimosa*. Dilynodd y fintai mewn llong arall a laniodd yn Buenos Aires. Gan nad oedd modd iddo deithio i lawr i'r Wladfa, cafodd swydd ar fferm yn nhalaith Buenos Aires, lle y bu tan 1867. Cyrhaeddodd i Borth Madryn gyda Lewis Jones ar fwrdd y *Denby* ac roedd yn bresennol yn nathliadau Gŵyl y Glaniad a gynhaliwyd y flwyddyn honno yn y twyni tywod ger Penrhyn yr Ogofâu. Yr Hendre oedd enw ei fferm gan roi tarddiad, maes o law, i enwau Pont yr Hendre ac Ysgol yr Hendre.

6 David Williams, Oneida, ffermwr blaengar oedd yn berchen ar beiriannau amaethyddol. Yn raddol, dilynodd eraill ei esiampl.

7 Cadivor Wood. Daeth i'r Wladfa ar daith archwiliol yn rhinwedd ei swydd fel Cofiadur (Ysgrifennydd) Cyffredinol Cwmni Ymfudol a Masnachol y Wladfa Gymreig, Cyfyngedig.

8 Rhys Williams: gweler Pennod 14, nodyn 8.

9 Y *Denby*. Collodd wyth o ddynion eu bywydau ger Punta Tombo o ganlyniad i longddrylliad y *Denby* tua chan milltir i'r de o'r Wladfa rywdro rhwng diwedd Chwefror a dechrau Mawrth 1868. Nid yw Lewis Jones yn cynnwys enw David Jones ar ei restr ef oherwydd, efallai, i'r llencyn hwnnw ymfudo i Santa Fe cyn i'r *Denby* adael Patagones ar ei mordaith drasig olaf. O gofio cyfeillgarwch mawr David Jones a George Jones, mae'n syndod deall iddynt wahanu. Roedd George yn meddwl yn uchel o Eleanor Davies (mam Thomas Jones, Glan Camwy) a'i theulu. Dyma a ddywedodd amdani: 'Hi ydyw'r unig berson sydd wedi gofalu rhyw dipyn amdanaf fi er pan adewais fy nghartref, yn wir, y mae hi yn ymddwyn tuag ataf fel tuag at un o'i phlant ei hun. Mae'n rhoddi benthyg ceffyl i mi pa bryd bynnag y byddaf yn dymuno hynny, a byddaf yn cael digonedd o laeth ac ymenyn ganddi. Gwraig garedig dros ben ydyw, ac un ddigrif iawn ei siarad, sef y wir Hwntwaeg. Mewn gair, hi yw'r hen wraig orau sydd yma.'

yn bryderus amdani, ni chafwyd ddim o'u hanes ac ni welwyd ddim o'u gweddillion ar y glannau yn unman, a dyma Wladfa heb un cyfrwng rhyngddi a'r byd tu allan.

Yn awr, gan fod y nwyddau ym Madryn, yr oedd yn rhaid cario'r cwbl ar gefnau ceffylau, ac yr oedd yn ofynnol i bob teulu gymryd ei ran yn y gwaith o gario'r nwyddau trosodd, ac yna dechreuwyd ar y gwaith. Byddem yn myned yn gwmni o ddeg i bymtheg ar y tro. Yr oedd y daith i fyned yno'n cymryd tua phum awr, ac i ddychwelyd tua saith i wyth awr. Byddai amryw o'r gwragedd yn cymryd rhan yn y gwaith o gario ar adegau pan na allasai'r gwŷr fyned, sef Mrs Matthews, Mrs Robert Thomas, Mrs Amos Williams ac eraill. Dyma fel y byddem yn teithio'n aml, a hynny yn y gaeaf. Cofied y plant am yr amser caled basiodd eu rhieni wrth sefydlu'r Wladfa ar y Gamwy, a'r holl lafur yn ddi-dâl.

Fel yr oedd yr amser yn agosáu ar gyfer hau, cymrodd dau i gario'n gyson a gwnaethant ugain taith yn ystod y flwyddyn. Yr adeg hon yr oedd pawb mewn llawn gwaith, rhai'n adeiladu tai ar eu tyddynnod, eraill yn paratoi ar gyfer hau, a'r Br Rhys Williams a'r ysgrifennydd oedd yn cario'n gyson trwy gael benthyg ceffylau gan y rhai na fedrent fyned eu hunain. Hen gyfaill difyr oedd Rhys Williams. Byddem yn cael ganddo hanes difyr am gychwyn gwladfa yn Brasil, a'r daith i Patagones ac oddi yno i'r Wladfa; a chyfarfyddodd â thywydd garw cyn dyfod yma, ynghyd â rhan helaeth o'r caledi.

Wedi rhai misoedd o fod o'n cartrefi'n hela ar y camp, ac ar ôl i'r llong ddyfod â chynhaliaeth, yna cafwyd y fraint o gael treulio ein Sabothau megis cynt, er fod y capel yn ddigon diaddurn. Nid oedd yno ond ychydig o blanciau i eistedd a bocs i ddal y Beibl a'r llyfr hymnau. Hwn oedd yr ail gapel i gael ei adeiladu, ond yr oedd pawb yn teimlo wrth eu bodd o dan weinidogaeth y Parch. Abraham Matthews.

Yr oedd ef mor galonnog yn pregethu â phe buasai mewn capel addurnol, ac yn sefyll o flaen y gynulleidfa fel pe buasai yn yr amgylchiadau gorau, er ei fod ef a ninnau o ran ein gwisgoedd yn ddigon gwael, llawer o siacedi o grwyn ceffylau ac esgidiau o grwyn am ein traed. Ond yr oedd gwirioneddau'r Efengyl yn cyrhaeddyd yn ddyfnach na'r crwyn. Ni fuasai'n bosibl i ddal o dan yr holl galedi a byw mor heddychol oni bai am y cysuron sydd i'w cael yn yr Efengyl i ddal o dan y fath amgylchiadau. Byddai Mr Matthews yn pregethu ar y Sabothau ac yn gweithio ar hyd yr wythnos fel pawb arall. Nid oedd ond ef wedi aros o'r tri ddaeth allan o'r Hen Wlad. Ymadawodd y Parch. Lewis Humphreys y flwyddyn gyntaf a'r Parch. Robert Meirion Williams yr ail flwyddyn.[10]

Wel, yn awr, awn am dro ar hyd y dyffryn. Mae golwg ardderchog ar y llanerchau sydd wedi eu hau yn y trofeydd yn ymyl Rawson, ac o gwmpas y ffosydd naturiol ar gyfer Tair Helygen,[11] ac hefyd ar y Morfa Mawr, a thyddyn Mrs Elizabeth Hughes (yr adeg honno; yn awr eiddo'r CMC).[12]

10 Gorfu i Lewis Humphreys ddychwelyd i Gymru oherwydd aflwydd oedd yn achosi iddo golli ei lais. Wedi treulio blynyddoedd yn weinidog yr Efengyl yng Nghymru, dychwelodd i'r Wladfa ar y *Vesta* yn 1886, gan wasanaethu eglwysi'r Dyffryn a'r Andes yn eu tro hyd at ddiwedd ei ddyddiau. Dewis gadael a wnaeth Robert Meirion Williams oherwydd ei anhapusrwydd â'r amodau yn y Wladfa. Newidiodd ei feddwl rai blynyddoedd yn ddiweddarach, a cheisiodd ddychwelyd at ei fab, a oedd wedi aros yno. Er siom fawr iddo, ni lwyddodd i gasglu'r arian angenrheidiol i dalu am ei fordaith nac i gael cymorth ariannol gan eraill, ac ni lwyddodd i wireddu ei ddymuniad.

11 'Y ffosydd naturiol': dyna enw'r Gwladfawyr ar hen welyau'r afon.

12 Yr CMC: Cwmni Masnachol y Camwy, cwmni cydweithredol a sefydlwyd gan y Gwladfawyr er mwyn cadw rheolaeth ar y broses o fasnachu eu cynnyrch ac i elwa ohono. Roedd ei reolau yn cynnwys gwaharddiad ar werthu diodydd alcoholaidd a chyfyngiad rhag gwneud mwy na 10% o elw ar unrhyw werthiant. Byddai'r rheol olaf hon yn cyfrannu maes o law tuag at ei ddifodiant. Eithr yn negawdau cyntaf ei fodolaeth, tyfodd i fod yn gwmni cryf gan reoli masnach

Yr oedd tua hanner can erw wedi eu hau ar honno gan Edwin C. Roberts a John Jones, ac ar dyddyn Evan Davies a Rhys Williams. Wrth edrych arnynt credem fod gennym ddigon o fara am ddwy flynedd beth bynnag, os gellid ei gael i ddiogelwch. Gyda rhagolwg mor lewyrchus, yr oedd pawb yn teimlo'n galonnog am y dyfodol. Pan ddaeth yn adeg i'w gynaeafu, cafwyd hin ddymunol, ac yr oedd rhai wedi dechrau cario i'r ydlannau, ond y rhan fwyaf ar y llawr, a phawb wedi gorffen torri erbyn dechrau Ionawr 1869.

Un diwrnod, pan oedd pawb yn meddwl fod y cynhaeaf yn ddiogel, yn sydyn dyma daranau ac yna glaw fel pe bai cwmwl wedi torri; ac erbyn diwedd yr wythnos yr oedd yr holl ddyffryn wedi ei orlifo, a'r ysgubau gwenith yn myned gyda'r lli tua'r môr. Chwythwyd llawer o'r ysgubau i'r bonciau dreiniog, felly daliwyd hwy rhwng y drain. Yr oedd gan Mr Matthews ddas wedi ei gorffen yn ymyl Rawson ar gyfer tŷ'r Br Mayo yn bresennol. Aeth honno tua'r môr yn gyfan fel yr oedd. Ni bu modd i'w hachub gan fod yr unig gwch oedd yn y lle wedi ei anfon i fyny i edrych am y teuluoedd oedd ar goll, a chafwyd gwybod eu bod yn ddiogel ar ben y bonciau lle mae tŷ John S. Hughes yn bresennol.[13] Anfonwyd y cwch i fyny eilwaith gydag

gwladfeydd Dyffryn Camwy, Cwm Hyfryd a Sarmiento tan yr 1930au. Gweinyddwyd ef drwy gyfrwng y Gymraeg, a honno oedd iaith pob aelod o staff ei swyddfeydd a'r cownteri. Achoswyd ei ddifodiant gan gyfuniad o ffactorau: dirwasgiad economaidd enbyd yr 1930au, gwendid ei gyfansoddiad a'i reolau ariannol ac, yn bennaf, oherwydd cyfuniad o drachwant rhai o'r Cyfarwyddwyr a gwendid y gweision cyflog uchaf eu statws. Llusgodd rhai o'i ganghennau ymlaen hyd at tua diwedd yr 1940au ond ni fu modd iddynt osgoi'r anochel, a chaewyd pob drws, er siom hirhoedlog i'w gwsmeriaid ffyddlonaf. Gadawodd yr CMC fwlch enfawr ar ei ôl, ond buan y llenwyd hwnnw gan fusnesau preifat uniaith Sbaeneg, a chollodd y Gymraeg yn y Wladfa un o'i pheuau cryfaf.

13 Lleolwyd y fferm honno yn ardal Glyn Du, ar ochr ogleddol yr afon rhwng Trelew a Rawson. Cafodd yr ardal ei henw oherwydd

amryw o'r dynion er codi'r ysgubau oedd wedi aros mewn amryw fannau i ben twmpathau i'w sychu, ac achubwyd llawer felly.

---

i'r fintai gyntaf weld bod y brodorion wedi llosgi'r gwair a dyfai yno er mwyn agor ffordd iddynt dramwyo tua'u gwersyllfan arferol nid nepell o Rawson. O ganlyniad, roedd wyneb y tir yn ddu. Cyhuddir Lewis Jones, Cadfan, Edwyn Roberts, Berwyn a Gwladfawyr blaenllaw eraill hyd at heddiw o organmol y dyffryn ac am ddweud anwiredd am daldra'r gwair a orchuddiai'r rhan fwyaf ohono. Serch hynny, mae sawl llythyr a anfonwyd gan yr arloeswyr yn cyfeirio at wair a dyfai hyd at eu hysgwyddau.

Pennod 17

(*Y Drafod*, 15 Hydref 1926)

AR ÔL I'R ysgubau sychu, y gwaith nesaf oedd edrych am le cymwys i wneud llawr dyrnu, er rhoddi praw ar gynllun newydd, sef dyrnu gyda cheffylau yn lle'r hen ddull, sef y ffust. Yr oedd dau fab perthynol i un teulu'n awyddus i brofi'r cynllun newydd, ond yr oedd y tad yn groes iawn i'r syniad am y fath beth; ond aeth y ddau fab at y gwaith heb yn wybod i'r tad. Trannoeth fe ddaeth y tad a'r fam i fyny, a'r peth cyntaf a welsant oedd gweled yr ysgubau wedi eu dyrnu, ac meddai'r tad, 'Wel, wel, y maent wedi distrywio'r tipyn gwenith.' Ac yna aeth am y ddas oedd ar ben y bryn mawr, man allan o gyrraedd y dwfr, a dechreuodd ddyrnu honno gyda ffust; ond safodd y fam gyda'r bechgyn er eu cynorthwyo i chwalu'r gwellt a'r us oddi wrth y gwenith. Yr oedd hi'n bur fedrus gyda'r gwaith hwn am ei bod wedi arfer â'r gwaith yn yr Hen Wlad.[1] Yr oedd ganddi wyntyll a gogr pwrpasol at y gwaith, ac erbyn amser cinio yr oedd yno bentwr o wenith braf wedi ei lanhau. A phan ddaeth y tad yno a gweled y twr gwenith, 'Wel wir,' meddai, 'cewch fyned i ddyrnu y ddas acw eto. Yr wyf wedi bod yn dyrnu trwy'r bore â'r ffust, ac nid oes gennyf gan pwys wedi ei

1 Er bod Thomas Jones, Glan Camwy, wedi mynd allan o'i ffordd i beidio â'i enwi ei hun na'i deulu yn ei ysgrifau, gellir bod yn sicr mai at deulu cyfansawdd Thomas Davies ac Eleanor Jones (ac ati hi yn benodol) y mae'n cyfeirio yma, gan mai hi oedd yr unig wraig yn y fintai oedd â'r profiad amaethyddol perthnasol.

ddyrnu eto.' Ac felly ymgymerwyd â dyrnu y ddas, a dyma'r dyrnu cyntaf gyda cheffylau yn y Wladfa.

Ym mis Chwefror 1869, ar ôl i'r praw droi'n llwyddiannus, mabwysiadwyd yr un cynllun gan eraill. Y gorchwyl nesaf oedd myned i chwilio am yr heffrod oedd wedi dianc allan i'r bryniau o flaen y lli. Aeth tri o bersonau allan am dri diwrnod, a dychwelasant yn aflwyddiannus. Yna aeth chwech arall, a buont hwythau am bythefnos yn chwilio a dilyn eu trac yn ôl a blaen o'r camp am yr afon. Nid oeddynt wedi bod wrth yr afon ond mewn dau le ar hyd y daith. Collwyd y trac yn yr hafnau creigiog ar gyfer yr Afon Fach, a gorfu troi'n ôl heb eu cael. Colled fawr oedd colli ugain o heffrod, a'r gwartheg mor brin, er nad oedd ond ychydig fisoedd er pan eu cafwyd. Yr oeddynt wedi cartrefu o gwmpas y ffosydd naturiol ar dyddyn William Jones, Bedol, hyd oni ddaeth y lli, a neb yn meddwl y buasent yn crwydro ar hyd y camp.

Gan fod y rhan fwyaf o'r gwenith wedi mynd gyda'r lli, yr oedd angen am fyned at y Llywodraeth eto i osod ein sefyllfa ger eu bron. Felly aeth y Br Lewis Jones i Buenos Aires, ac wedi iddo gyrraedd yno, cafodd ar ddeall fod y Llywodraeth ynghanol ei helyntion ynglŷn â'r rhyfel rhyngddi ac Uruguay ar y pryd,[2] ac wedi anghofio am y Wladfa. Wedi i'r Br Lewis Jones osod ein sefyllfa ger eu bron, cafodd long at wasanaeth y Wladfa ac arian at angenrheidiau y Gwladfawyr; a chan fod gwir angen am felin, gan fod y melinau bach oedd gennym wedi myned yn ddiwerth, prynodd un yn Patagones a gosodwyd hi i fyny yn Rawson. A chan mai ceffyl oedd yn ei gweithio, yr oedd yn ofynnol i bob un ddyfod â'i geffyl i'w ganlyn. Trefnodd fod pob teulu'n cael malu ei gyfran yn ôl rhif y

2 Mae hyn yn anghywir. Ar y pryd roedd yr Ariannin mewn rhyfel waedlyd a chostus yn erbyn Paraguay (ynganer Paragwáy) – *nid* Uruguay (ynganer 'Wrwgwáy').

teulu, a nodwyd dyddiau ar gyfer pob un i falu yn ei dro, ac os collai un ei ddiwrnod, nid oedd gobaith iddo hyd yr wythnos wedyn, gan fod y felin mewn llawn gwaith hyd nos Sadwrn.

Gosodwyd dyn i edrych ar ei hôl a'i chadw mewn trefn i falu, a byddai yn cael byd o drafferth yn aml trwy fod llawer o'r ceffylau yn anghyfarwydd â'r gwaith, a byddai hynny'n torri dannedd yr olwyn fawr. A chan mai rhai pren oeddynt, yr oedd yn ofynnol fod rhai ganddo wrth law bob amser. Cyflog y melinydd oedd un pwys o bob chwech, a chyflenwid y gwaith gan y Br R. J. Berwyn. Ef oedd melinydd cyntaf y Wladfa, Ysgrifennydd y Cyngor a Chofrestrydd,[3] a bu'n cadw'r Llythyrdy'n ddi-dâl am y deng mlynedd cyntaf, a mawr fu ei golled pan syrthiodd ei dŷ yn Rawson, gan fod ganddo lawer o lyfrau a phethau eraill ynddo pan ddaeth y gorlif.[4]

3 Penodwyd Berwyn yn Gofrestrydd y Wladfa o'r dechrau un, ond nid etholwyd ef yn aelod o'r Cyngor tan etholiad 1867. Wedi hynny, penodwyd ef hefyd yn Ysgrifennydd.

4 Yn 1875, aeth Berwyn ati i ail-greu (o'i gof) 'Llyfr y Rhestrydd', sef cofnod o briodasau, genedigaethau a marwolaethau y Wladfa. Er gwaethaf rhai brychau, nid oes modd gwadu bod gan Berwyn gof rhyfeddol.

Pennod 18

(*Y Drafod*, 22 Hydref 1926)

YN AWR AM y llong, sef *Mary Ann*. Dyna oedd ei henw. Cychwynnodd hon yn ôl am Buenos Aires a'r Br Lewis Jones ar ei bwrdd. Cafodd hon eto ddamwain wrth fyned allan dros y bar yng ngenau'r afon.[1] Lle peryglus yw hwn gan fod y genau mor gul a chraig o boptu. Bu llawer o ddamweiniau o dro i dro wrth ddyfod i mewn ac allan, ac felly digwyddodd y tro hwn i *Mary Ann*. Ac erbyn iddi gyrraedd Buenos Aires, gwelwyd nad oedd yn ddiogel i fyned i'r môr heb gael ei thrwsio, a chan nad oedd gobaith cael arian i dalu am y gwaith, gwerthwyd hi am bris isel iawn. Mae'n debyg ei bod yn hen iawn.

Tua mis Mai 1869, aeth y Br Lewis Jones i'r Hen Wlad i nôl ei deulu oedd wedi myned yno yn y flwyddyn 1866. Dychwelodd ef a'r teulu'n ôl i'r Wladfa ar fwrdd y llong *Myfanwy*, a chyraeddasant Madryn ym mis Mai 1870.[2]

---

1 Yn dilyn llongddrylliad y *Denby* prynodd Lewis Jones long arall, y *Nueva Gerónima*, ond sigwyd honno hefyd y tro cyntaf iddi hwylio i Afon Camwy. Ni wnaed ymgais i'w thrwsio, ond teithiodd Lewis Jones arni i Buenos Aires er mwyn ei gwerthu. Bu'n rhaid i bawb oedd ar ei bwrdd gymryd eu tro i bwmpio'r dŵr ohoni ddydd a nos gydol y fordaith, a barodd bum niwrnod. Y Llywodraeth a ddarparodd y *Mary Ann* yn ei lle.

2 Myfanwy oedd enw unig ferch Lewis ac Ellen Jones ar y pryd, ac nid oes amheuaeth mai ei henw hi a roddwyd ar y llong. Yn ystod ei mordaith gyntaf, ganed ail ferch iddynt, sef Eluned Morganed Jones, a ddaeth flynyddoedd wedyn yn llenor adnabyddus. Dewisodd hithau yr enw talfyredig Eluned Morgan iddi ei hun. Bu'r golled

Yn y blynyddoedd 1865 hyd 1869, ni cheid ymhlith y nwyddau anfonwyd i'r fintai na sebon, defnydd golau, coed at wneud byrddau, drysau na ffenestri, oherwydd prinder arian. Rhaid felly oedd dyfeisio – 'angen yw mam pob dyfais' yn ôl yr hen ddihareb.

Yn gyntaf, gwneud sebon. Ar ôl lladd creadur, boed ych, caseg neu gwanaco – [a] gorau po dewaf y byddo – ar ôl glanhau y coluddion, yna eu berwi am rai oriau nes y byddo wedi myned yn jeli, fel y dywedir, yna tynnu allan y gweddill o'r coluddion fyddo heb falurio. Yna llosgi pentwr o'r gwiail sydd ar geulannau'r afon, a rhoddi'r lludw a'r trwyth yn y crochan, ac wedi ei gymysgu, yna eu berwi nes y byddo wedi myned yn sylwedd tew; ac ar ôl ei adael i oeri, byddai'n barod i'w ddefnyddio. Galwyd y gwiail ar ôl hynny'n 'gwiail sebon'.

Yn nesaf, er cael goleuni: cymryd braster ych; ar ôl ei doddi a'i dywallt i lestr â dwfr cynnes, ac yna gosod pabwyr ar wiail; ac wedi gosod tua thri deg ar y gwiail, yna ei suddo ar yn ail i'r llestr a'r dwfr a'r saim nes dyfod ohono i ffurf o dewdwr cannwyll. Byddem yn gwneud canhwyllau yn y gaeaf gan ei bod yn haws gwneud hynny ar dywydd oer. Hefyd, byddem yn myned tua Punta Ninfas tua mis Awst, yr adeg y byddai y morloi (*lobos*) yn dyfod i'r tir. Lleddid cymaint a allem ei gario ar gefn y ceffylau. Felly caem olau a chrwyn, y rhai oedd yn ddefnyddiol iawn, y braster at gynhyrchu golau a'r crwyn at wneud carcharau, cenglau, ffrwyn a *bozals*.[3] Yr oedd yr olew yn rhoddi golau clir, ond gofalu wrth ei doddi.

Yn nesaf, yn lle gwydrau ar y ffenestri rhoddem groen estrys ar ôl tynnu'r plu i ffwrdd. Gan ei fod mor denau,

ariannol enfawr a ddeilliodd o bryniant y *Myfanwy* yn gyfrwng i wneud Michael D. Jones yn fethdalwr.

3 *Bozal*: penffrwyn.

byddai'r goleuni'n treiddio trwyddo'n bur dda.

Yn nesaf, byrddau. Nid oedd byrddau gan neb oherwydd i'r Indiaid losgi'r holl blanciau pan y symudwyd i Madryn. Un diwrnod, pan oedd un person allan yn hela, gwelodd gasgen fawr mewn lle cudd wrth fôn craig ar fin y môr. Disgynnodd oddi ar ei geffyl, ac er ei lawenydd gwelodd ei bod yn llawn o ddefnydd byrddau, sef caeadau a gwaelodion barilau wedi eu plaenio'n lân fel pe baent newydd ddyfod o dan law y saer. Aethpwyd i gyrchu'r drol, a phan gyrhaeddwyd â'r llwyth adref, mawr oedd y llawenydd a rhannwyd cynnwys y gasgen rhwng y teuluoedd. A chan fod gennym seiri medrus, buan y cafwyd coesau i'r byrddau crwn. Yr oedd coed helyg yn gwneuthur y tro, gan fod llawer ohonynt wedi sychu o gwmpas y lle. Cafodd y gasgen fawr oedd yn dal y byrddau crwn ei defnyddio at wneud llestri llaeth. Enwyd y lle y buwyd mor ffodus â chael y llwyth gwerthfawr hwnnw'n Pwynt y Byrddau (*Punta Norte*), er cof am yr amgylchiad.[4] Saif y llecyn lle mae bryniau'r ochr ogleddol yn cyrhaeddyd at y môr.

Dyma ran o hanes cychwyniad y Wladfa hyd y flwyddyn 1869. Hyn ar hyn o bryd. Ceir rhagor os byw ac iach y byddaf.[5]

4 *Punta Norte* (Penrhyn y Gogledd) yw'r enw swyddogol ar y lle.

5 Er iddo fyw am wyth mlynedd arall ac iddo fwynhau iechyd rhagorol, nid ychwanegodd Thomas Jones unrhyw bennod arall at ei atgofion.

Hefyd o'r Lolfa:

£14.95

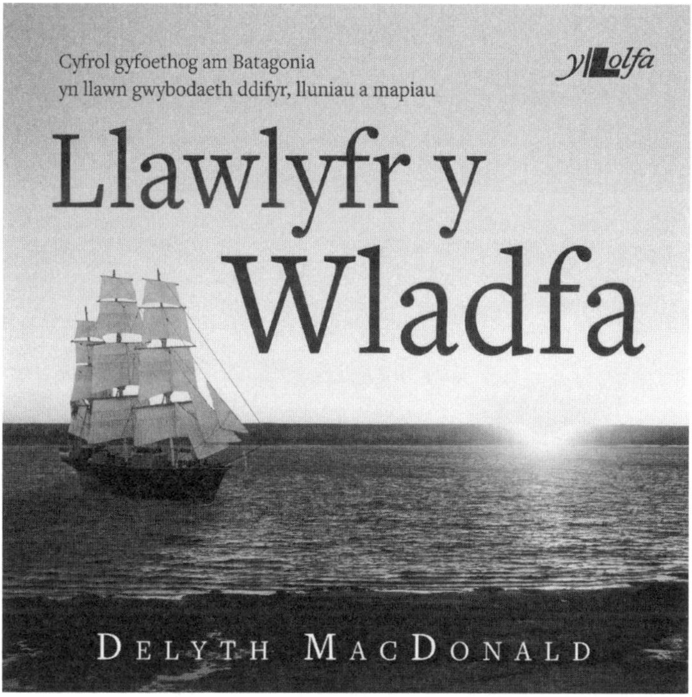
Cyfrol gyfoethog am Batagonia
yn llawn gwybodaeth ddifyr, lluniau a mapiau
y lolfa
Llawlyfr y
Wladfa
DELYTH MACDONALD

£14.99